왜
3·1 운동이
일어났을까?

교과서 속 역사 이야기, 법정에 서다

54
역사공화국
한국사법정

왜 강기덕 vs 손병희

3·1 운동이
일어났을까?

글 이정범 | 그림 고영미

|주|자음과모음

3·1운동은 1919년 3월 1일부터 약 1년 동안 국내외 각지에서 우리나라의 독립을 요구하며 일어났던 대규모 만세 시위입니다. 일제로부터의 자주독립을 요구했을 뿐만 아니라 당시 사회의 사상적 변화를 반영했다는 점에서 이 운동은 커다란 의의를 가지고 있습니다. 당시 우리 선조들은 민주주의와 사회주의, 인권, 자유, 평등사상 등 근대 사상에 눈을 뜨게 되었는데, 3·1운동은 이와 같은 사상을 실현하려는 민족적인 요구였습니다. 그래서 3·1운동은 오늘날 대한민국의 정체성을 이루는 근본이 되는 역사적인 사건으로 평가됩니다.

3·1운동이 일어난 데에는 여러 가지 원인이 복합되어 있습니다. 가장 직접적으로는 제1차 세계 대전이 연합국의 승리로 끝날 무렵, 미국 윌슨 대통령이 민족 자결주의를 선언한 것을 들 수 있습니다. 민족 자결주의란 각 민족이 다른 강대국의 압력이나 간섭을 받지 않고 자기 민족의 미래를 스스로 결정할 수 있다는 이념입니다.

우리나라는 1905년 을사조약에 따라 실질적으로 일제의 지배를 받게 된 데 이어, 1910년에는 한일 병합 조약에 따라 일제 강점기를 맞았습니다. 영토와 국민은 남아 있었지만 국권을 잃었던 것입니다. 일제는 한국인의 무조건적인 복종을 강요하기 위해 무단 통치를 펼쳤습니다. 무단 통치 시기에 우리 국민은 언론, 출판, 집회, 시위의 자유가 억압되었고, 토지와 재산을 일본인들에게 마구 빼앗겨도 하소연할 데가 없었습니다. 일제는 헌병과 경찰을 동원해 한국인의 생살여탈권을 쥐고 흔들었던 것입니다. 학교에서조차 제복을 입은 교사들이 기다란 검을 차고 학생들을 가르쳤는데, 이는 무단 통치가 얼마나 살벌하며 강압적이었는지를 단적으로 보여 줍니다.

당시에는 세계적으로 민주주의, 인권, 평등사상에 대한 인식이 폭넓게 자리 잡아 가고 있었습니다. 1917년에 러시아에서 일어난 사회주의 혁명은 우리나라 젊은 지식인들에게 큰 영향을 주었습니다. 그래서 일제의 무단 통치에도 불구하고 우리 국민들 사이에서는 자주독립과 함께 당시 세계적으로 유행하던 새로운 사상에 대한 관심이 깊어졌습니다.

이런 때에 강대국인 미국의 대통령이 민족 자결주의를 선언하자 우리 애국지사들과 시민, 학생 들은 큰 용기와 희망을 가지게 되었습니다. 그 결과 1919년 초부터 만주에서 무오 독립 선언이 있었고 곧이어 일본 도쿄에서 2·8 독립 선언이 일어났습니다. 더구나 이 시기에 고종이 갑자기 숨졌는데 일제가 독살했다는 소문이 널리 퍼져서 일제에 대한 민족 감정이 폭발하기 직전이었습니다. 이때 천도교와 기독교, 불교 지도자들이 전 민족적인 만세 운동을 준비했으며, 그 결과 3·1운동이 일어났고 이를 통해 우리 근대사의 흐름이 크게 바뀌었습니다.

그런데 민족 대표들은 치밀하게 3·1운동을 준비하고도 정작 대규모 만세 시위가 일어났을 때는 스스로 감옥에 갇혀 군중들을 제대로 이끌지 못했습니다. 만약 민족 대표들이 목숨 걸고 만세 시위를 지도했다면 우리 민족은 훨씬 빠른 시기에 해방을 맞았을지도 모릅니다. 그래서 민족 대표들의 갑작스러운 계획 변경과 옥중에서의 비굴한 행위는 지금도 비난받고 있습니다. 그럼에도 불구하고 오늘날까지 3·1운동이라고 하면 대다수 사람들이 민족 대표들을 먼저 떠올리고 그 업적을 기리고 있지요.

이 책에 등장하는 원고 강기덕은 3·1운동 당시 학생 대표였고 민족 대표 48인 중 한 사람이었습니다. 그러나 1919년 3월 1일, 민족 대표 33인은 시민과 학생들을 외면하고 태화관이란 음식점에서 따로 모였지요. 이에 강기덕은 크게 분노하며 그들의 비굴함을 고발하기에 이르렀습니다.

여러분은 이 책을 통해 3·1운동이 일어난 원인과 전개 과정, 3·1운동의 의의와 영향을 살펴보고, 민족 대표들의 행위가 과연 정당했는지 판단해 주시기 바랍니다.

이정범

우리 민족의 독립운동은 끊임없이 계속되었습니다. 해외에 있는 독립운동 단체에서는 민족 자결주의 제창 소식을 들었으며, 일본의 유학생들은 2·8 독립 선언을 하기에 이릅니다.

중학교　　역사

1919년 초 일제가 고종 황제를 독살했다는 소문이 퍼지면서 민심은 크게 흔들리게 됩니다. 그리하여 민족 대표 33인이 태화관에서 독립 선언식을 가지고, 학생과 시민들은 만세 운동을 벌입니다.

사라예보 사건을 계기로 발발한 제1차 세계 대전은, 동맹국이었던 독일이 협상국에 항복하면서 끝이 납니다. 이후 미국의 윌슨 대통령은 비밀 외교 금지, 군비 축소, 민족 자결주의 등이 포함된 평화 원칙을 제시합니다.

고등학교

한국사

VI. 일제의 식민지 지배와 민족 운동의 전개
1. 팽창하는 제국주의와 민중의 저항
1-1 제1차 세계 대전이 일어나다
1-2 새로운 국제 질서가 성립하다

VI. 일제의 식민지 지배와 민족 운동의 전개
3. 3·1운동과 대한민국 임시 정부
3-3 민족의 정기를 빛낸 3·1운동

러시아 혁명을 일으킨 레닌이 '민족 자결의 원칙'을 선언하고 미국 대통령이 민족 자결주의를 제창하자 국내에서는 변화의 움직임이 일었습니다. 만주에서 「독립 선언서」가 발표되었고, 일본에서도 「2·8 독립 선언서」가 발표되었지요. 이 소식은 3·1운동을 준비하는 데 큰 자극이 되었습니다.

1905년	을사조약, 경의선 개통
1906년	통감부 설치, 동학을 천도교로 개칭
1907년	헤이그 특사 파견, 고종 퇴위
1908년	의병, 한성 진공 작전
1910년	한일병합
1912년	토지 조사 사업(~1918)
1914년	대한 광복군 정부 성립
1919년	3·1운동, 상하이에서 통합 대한민국 임시 정부 수립
1920년	유관순 옥사
1922년	방정환, 어린이날 제정
1926년	순종 죽음, 6·10 만세 운동

1899년	헤이그 만국 평화 회의, 청나라 의화단 운동
1902년	영·일 동맹
1904년	러·일 전쟁(~1905)
1907년	삼국 협상 성립
1910년	남아프리카 연방 형성
1911년	신해혁명
1912년	중화민국 성립
1914년	제1차 세계 대전(~1918)
1917년	러시아 혁명
1918년	미국 윌슨 대통령, 「14개조의 평화 원칙」 발표
1919년	협상국·독일, 베르사유 조약, 중국 5·4운동
1921년	워싱턴 회의

원고 강기덕 (1886년~미상)

나는 3·1운동 때 민족 대표이자 학생 대표로 학생들의 시위 참여를 이끌었어요. 그날 민족 대표들이 시민과 학생들을 저버리고 자기들끼리 태화관에 모여 「독립 선언서」를 읽고 경찰서로 들어가 버려 얼마나 황당했던지……. 당시 수많은 시민과 학생들에게 그들은 사과를 해야만 합니다.

원고 측 변호사 김딴지

3·1운동 당시 민족 대표들의 행동은 비겁했어요. 그들 다수는 나중에 비굴한 자세로 변절하기도 했죠. 이번 재판을 통해 그들의 본 모습을 만천하에 드러낼 셈입니다.

원고 측 증인 **최팔용**

나는 일제 강점기 때 독립 운동가로 2·8 독립 선언을 주도했다는 이유로 일제 경찰에 체포되어 9개월 동안 옥에 갇히기도 했지요. 신학문을 배울 생각으로 일본으로 건너갔다가 조국이 일본에 병합되었다는 소식에 비통한 눈물을 흘렸지요.

원고 측 증인 **유관순**

후손들이 나를 한국의 잔 다르크라고 부른다지요? 1919년 천안 아우내 장터에서 만세 운동을 이끌었던 유관순 열사랍니다. 이화 학당을 다니던 당시 윌슨의 민족 자결주의, 2·8 독립 선언 소식을 듣고 독립에 대한 열망이 더욱 커졌지요.

원고 측 증인 **안창호**

3·1운동 이전까지 한국과 미국, 중국 등을 오가며 계몽사상을 기르고 독립에 힘썼던 도산 안창호라 하오. 3·1운동 직후에는 상하이에서 대한민국 임시 정부를 건설하는 일에도 한몫했다오.

피고 손병희 (1861년~1922년)

민족 대표 33인의 대표로서 3·1운동을 이끈 지도자
라오. 만세 운동 당일, 탑골 공원에서 모이기로 했던
시간과 장소를 바꿔 군중들에게 배신감을 주었다는
이유로 고소를 당했지요.

피고 측 변호사 이종일

일찍이 개화사상에 관심이 많아 일본을 방문해 근대
화 과정을 살펴보았고, 천도교 신도가 되기도 했지
요. 내가 사장으로 있던 인쇄소 보성사에서 기미 독
립 선언서를 인쇄했다오.

피고 측 증인 **와타나베 형사**

일본에서 순경으로 일하던 나는 1915년에 서울 종로 경찰서로 발령받아 조선에 왔지요. 3. 1운동이 일어나던 당시 민족 대표들이 태화관으로 모인다는 소식을 듣고 출동했고, 조선인들의 만세 삼창 소리를 직접 들었지요.

피고 측 증인 **한용운**

일제 강점기 당시 우리 민족의 얼을 기리며 절개를 꺾지 않고 꿋꿋히 투쟁했던 만해 한용운이라 하오. 『님의 침묵』이라는 시집을 내었으며 승려로서 불교를 통해 독립의 뜻을 이루고자 청년운동에도 나섰다오.

판사 **정역사**

역사공화국에서 공정하기로 소문난 판사 정역사입니다. 변호사들에게 엄하게 대할 때도 있지만, 역사에 대한 호기심과 공정한 판결에 대한 노력은 나를 능가할 사람이 없지요.

"민족 대표 33인은 시민과 학생들에게 사과하시오"

역사공화국 김딴지 변호사 사무실에 강기덕이란 인물이 나타났다. 민족 대표 48명 중 한 사람인 강기덕은 3·1운동이 일어날 무렵 보성 법률 상업 학교를 다니던 학생으로 만세 운동의 현장을 이끌었다. 강기덕은 김성득, 김형기 등 동료 학생들과 함께 서울 시내 각급 학생들이 3·1운동에 동참하게 하는 책임을 맡았다. 강기덕은 민족 대표 이갑성으로부터 「독립 선언서」 1500여 장을 받아 배포했으며, 제2차 시위 계획을 세워 3월 5일 아침에 다시 서울에서 만세 운동을 벌이다 체포되어 1년 6개월 동안 복역했다. 감옥에서 석방된 후에도 줄곧 독립운동을 펼쳤고 해방 후에는 건국대학교 초대 이사장을 지냈으나, 6·25전쟁 때 북한으로 납치되었다.

"어서 오십시오. 변호사 김딴지입니다."

김딴지 변호사는 강기덕이 방문한 이유를 잘 알고 있었다.

"반갑소. 생각했던 것보다 훨씬 젊은 친구로군."

"그렇습니다만, 이래 봬도 재판 승소율이 90퍼센트가 넘습니다."

"누가 뭐라오? 어쨌든, 전화로 말했던 것처럼 내가 손병희 선생을 비롯해 민족 대표 33인을 고발하려고 하는데 어떻게 생각하오?"

김딴지 변호사는 바로 그 점 때문에 강기덕의 변론을 맡을지 말지 고민하고 있었다.

"강 선생님도 민족 대표 48인 중 한 분이셨는데 같은 민족 대표에게 소송을 제기한다는 게……."

"난 민족 대표라는 명예에는 미련이 없소. 차라리 3·1운동 때 학생 대표의 한 사람이었다는 것이 자랑스럽지. 민족 대표 중에는 손병희, 한용운처럼 존경받는 인물도 있지만, 옥에 갇혔을 때 비굴한 모습을 보였거나 석방 후에 아예 친일파로 변절한 사람들도 여럿이거든."

강기덕은 3·1운동이 처음 시작된 1919년 3월 1일, 민족 대표들이 탑골 공원에 모였던 시민과 학생들을 외면하고 자기들끼리 **태화관**이란 음식점에 모여 「독립 선언서」를 낭독하고 스스로 체포된 사실을 비판했다.

김딴지 변호사도 민족 대표들이 왜 그랬는지 이해할 수가 없었다. 그렇다 해도 민족 대표를 상대로 하는 소송에서 이길 자신은 없었

태화관
1919년 3·1운동 때 민족 대표들이 모여 「독립 선언서」를 낭독한 곳으로 명월관이라는 요릿집의 분점 격이었습니다.

다. 손병희 등 민족 대표들은 많은 업적을 쌓아 명성을 남겼으며 오랫동안 존경받던 분들이었기 때문이다.

김딴지 변호사는 한동안 망설이던 끝에 강기덕에게 말했다.

"좋습니다. 비록 상대가 만만치 않지만, 일반 시민과 학생의 이름으로 민족 대표의 진심 어린 사과를 받아 내겠습니다."

"고맙소. 재판을 준비하는 동안 이 자료들을 꼼꼼히 읽으면 큰 도움이 될 거요."

강기덕이 책과 서류가 든 묵직한 가방을 내밀었다. 김딴지 변호사

왜 3·1운동이 일어났을까?

는 강기덕이 건네준 3·1운동 관련 논문과 연구서들을 밤새워 탐독하며 변론을 준비해 나갔다.

그로부터 2주일 뒤 드디어 재판이 시작되었다.

민족 자결의 원칙과 3·1운동

　19세기 말부터 유럽 등의 제국주의 국가들은 식민지를 더 많이 확보하기 위해 혈안이 되었고, 많은 약소국들이 힘으로 밀어붙이는 이들에게 무참히 점령당했습니다. 그런데 이렇게 식민지를 만들며 팽창해 가던 제국주의 집단 간에 충돌이 일어나게 되지요. 협상국과 동맹국으로 나뉘어 서로 견제하다가 제1차 세계 대전이 발발합니다. 독일 중심의 동맹국의 패배로 전쟁이 끝나자, 협상국 측에서는 동맹국들이 차지하고 있던 식민지를 독립시켜 주자는 의견이 나옵니다. 이때 어느 민족의 일은 그 민족 스스로 결정하게 하자는 '민족 자결의 원칙'이 발표되었습니다.

　멀리서 민족 자결의 원칙에 대한 소식을 들은 우리나라 독립운동가들은 희망을 품게 됩니다. 우리도 독립할 기회를 맞았다고 생각한 겁니다. 하지만 민족 자결의 원칙은 제1차 세계 대전의 패전국인 독일, 오스트리아 등의 지배를 받던 나라에 해당되는 것으로, 일본의 지배를 받고 있던 우리에게는 해당되지 않았어요.

　이런저런 우여곡절 끝에 1919년 2월 27일까지 민족 대표 33인이 서명을 마쳤고, 고종의 장례식 날인 3월 3일에서 이틀 앞당긴 3월 1일이

거사일로 잡혔습니다. 민족 대표들은 최남선이 쓴 「독립 선언서」를 인쇄하여 전국 각지로 배포하고 독립 선언을 하기로 했지요.

드디어 1919년 3월 1일, 독립 선언을 하기로 한 탑골 공원에는 많은 사람들이 모여들었지요. 하지만 민족 대표 33인은 마지막에 계획을 바꾸어 근처의 요릿집인 태화관에 따로 모여 「독립 선언서」를 읽고 만세를 부릅니다. 탑골 공원에 모인 학생과 시민들은 이 사실을 알고 민족 대표와 별도로 「독립 선언서」를 낭독하고 만세를 외치게 됩니다.

"우리는 여기에 우리 조선이 독립된 나라인 것과 조선 사람이 주인임을 선언하노라."

"대한 독립 만세! 대한 독립 만세!"

만세 소리는 거대한 함성이 되었고, 그 행렬은 갈수록 불어났습니다.

| 원고 | 강기덕 | 대리인 | 김딴지 변호사 |
| 피고 | 손병희 | 대리인 | 이대로 변호사 |

청구 내용

나 강기덕은 1886년 함경남도 원산에서 태어나 신학문을 공부하다가 보성 법률 상업 학교(훗날의 고려 대학교)에 입학했습니다. 학업에 전념하던 그 무렵 제1차 세계 대전이 끝났고 전 세계를 흔들었던 민족 자결주의의 물결이 한반도에도 전해졌습니다. 이와 함께 만주에서는 무오 독립 선언이 있었고 일본 도쿄에서는 2·8 독립 선언이 일어나 독립에 대한 기대감이 한껏 부풀어 올랐습니다.

국내에서도 천도교와 기독교, 불교 지도자들이 모여 만세 운동을 계획하였고, 이때 나는 학생 대표이자 민족 대표 48인 중 한 사람으로 학생들의 시위 참여를 책임지게 되었습니다. 그런데 그날 민족 대표 33인은 사람들이 모여 있던 탑골 공원에서 서울 인사동의 태화관으로 급히 집회 장소를 변경해 따로 모였고, 자기들끼리「독립 선언서」를 낭독한 후 스스로 일제 경찰에 체포되었습니다.

우리 시민과 학생들은 그 사실을 알고는 스스로「독립 선언서」를 낭독한 뒤 만세 삼창을 하고 밤늦게까지 서울 시내를 누비면서 '독립 만세'를 외쳤습니다. 하지만 며칠 뒤 시작된 일제 경찰의 무자비한 학살로 7500여 명의 시민과 학생이 숨졌고 수만 명이 감옥에 갇혔습니다.

그 일로 우리 시민과 학생들은 민족 대표들에게 가졌던 존경심과 기대를 접었습니다. 게다가 나중에 일부 민족 대표들이 옥중에서 비굴한 태도로 일제에 아부했으며 친일파로 변절했다는 사실을 확인하고는 더욱 커다란 충격과 배반감을 느껴야 했습니다.

민족 대표들은 폭력을 쓰지 않는 평화적인 방법으로 만세 운동을 펼쳐야 한다는 원칙을 정했습니다. 이런 평화 사상은 중국, 인도 등 다른 나라의 독립운동에 영향을 주었지만, 당시 우리 민족은 이 원칙을 지키다가 7500여 명이 학살당하는 비극을 맞았습니다.

따라서 나는 민족 대표 33인의 한 분으로서 존경받는 손병희 선생에게 만세 운동 계획을 급히 바꾼 것과 당시 만세 운동을 평화적으로 펼친 것이 과연 옳은 일이었는지를 묻기 위해 소송을 제기합니다.

입증 자료

- 초등학교 6-1 사회 교과서 및 6-2 사회탐구 교과서
- 중학교 역사 교과서
- 고등학교 한국사 교과서
  그 외 자료 추후 제출하겠음.

위 청구인 강기덕
역사공화국 한국사법정 담당 판사 귀하

왜 3·1운동이 시작되었을까?

1. 제1차 세계 대전과 민족 자결주의
2. 무오 독립 선언과 2·8 독립 선언

1

제1차 세계 대전과
민족 자결주의

판사   지금부터 역사공화국 재판을 시작하겠습니다. 방청객과 배심원 여러분은 모두 자리에 앉아 주세요. 먼저 원고 측 변호인, 이번 소송에 대해 설명해 주세요.

김딴지 변호사   존경하는 판사님과 배심원 여러분, 원고 강기덕은 1919년 3·1운동 때 학생 신분으로 독립 만세를 외쳤으며 그 일로 일제 경찰에 체포되어 옥고를 치른 분입니다. 3·1운동은 한민족이 일제의 강제 통치에 저항한 독립운동이며 민주주의와 인권, 자유, 평등사상을 외쳤던 근대화 운동이기도 합니다.

　잘 알려진 것처럼 3·1운동은 피고 손병희 등이 주도하여 일어났습니다. 그런 점에서 민족 대표 33인 또는 민족 대표 48인은 온 국민의 존경을 받아 마땅하다고 봅니다. 하지만 피고 등은 매우 결정적이며 중요한 순간에 시민과 학생들을 외면했습니다. 더구나 스스로 옥에 갇힌 뒤에는 자신들이 민족 대표라는 사실을 부정하고 목숨을 구걸했으며 나중에는 친일파로 변절한 사람들도 많았습니다. 그로 인해 원고를 비롯한 이름 없는 민중들은 이들 민족 대표들에게 배반 감을 느꼈고 정신적인 피해를 보았습니다.

한편으로, 민족 대표들이 비폭력 평화 운동을 주장함에 따라 3·1 운동에 나섰던 우리 민족은 맨손으로 만세를 부르다 일제의 잔악한 학살과 폭력에 일방적으로 당해야 했습니다.

이에 원고는 이들 33인이 과연 민족 대표의 자격이 있는 것인지, 비폭력 평화 운동이 옳은 방향이었는지 진지하게 묻고자 소송을 제기하였습니다. 판사님과 배심원 여러분의 현명한 판단을 기대합니다. 참고로, 원고 강기덕은 피고 손병희에게 개인적인 감정을 가지고 있지 않다는 것을 분명히 밝힙니다.

이대로 변호사   이의 있습니다. ▶피고 등 민족 대표들이 집회 장소와 시간을 급히 변경할 수밖에 없는 사정이 있었습니다. 그런 데다 3·1운동은 민족 대표들의 치밀한 계획과 준비가 없었더라면 성립하지 않았을 것입니다. 민족 대표는 3·1운동을 비폭력 평화 운동으로 이끌기로 했습니다만 군중들은 그런 원칙을 무시하기 일쑤였습니다. 기록에 따르면 3·1 운동 때 파출소 등 수많은 기관들이 습격을 받거나 불에 타 많은 피해를 입었습니다. 바로 그런 불상사를 염려해서 민족 대표들이 따로 「독립 선언서」를 낭독했던 것입니

교과서에는

▶ 1919년 3월 1일, 민족 대표들은 본래 탑골 공원에서 「독립 선언서」를 발표할 계획이었습니다. 하지만 시위가 과격해질 것을 우려하여 태화관이라는 요릿집에 모여 「독립 선언서」를 낭독하였지요.

취하
신청하였던 일이나 서류 따위를 취소하는 것을 말합니다.

시위대
많은 사람이 공공연하게 의사를 표시하여 집회나 행진을 하며 위력을 나타내는 일을 시위 운동 또는 시위라고 하는데, 이러한 시위를 하는 대오를 가리킵니다.

연행
강제로 데리고 가는 것을 말하며, 특히 경찰관이 피의자를 체포하여 경찰서로 데리고 가는 일을 이릅니다.

다. 민족 대표들이 비폭력 평화 운동을 원칙으로 정함에 따라 3·1운동은 오늘날까지도 우리 민족의 평화 정신과 높은 문화 수준을 보여 준 민족 운동으로 평가받고 있습니다. 따라서 원고는 이번 소송을 **취하**해야 한다고 생각합니다.

김딴지 변호사　　　몇몇 **시위대**가 폭력을 사용한 점은 인정합니다. 하지만 그렇게 될 수밖에 없었던 원인을 먼저 따져 보아야 합니다. 3·1운동은 민족 대표가 세운 원칙대로 비폭력 평화 운동으로 시작되었습니다. 그래서 첫날인 3월 1일만 해도 시민과 학생들은 맨손으로 조국의 독립을 외치며 평화적으로 거리 행진을 벌였습니다. 수만 명의 인파가 자정이 가까울 때까지 서울 거리를 누비며 "대한 독립 만세!"를 외쳤지만 거리는 질서가 유지되었습니다. 깜짝 놀란 일제 경찰도 처음 며칠 동안은 이러한 평화 운동을 함부로 탄압하지 못했습니다.

하지만 며칠이 지나자 갑자기 정책을 바꾸어 시위 군중을 향해 무차별 사격을 하기 시작했고, 총검으로 마구 찌르거나 강제로 **연행**했습니다. 맨손으로 만세를 외치던 한국인들은 일제의 그와 같은 만행에 매우 큰 충격을 받았습니다.

평화적인 만세 시위를 벌이다 일제의 무력 공격을 받아 사살당하거나 부상을 입는데 어떻게 이를 계속할 수 있겠습니까? 그래서 일부 과격한 젊은이들이 스스로 목숨을 지키면서 우리나라의 독립을 요구하기 위해 몽둥이를 들었으며, 때로는 일제의 권력 기관 등을

습격했던 것입니다. 다시 말해 평화적인 만세 운동에 한계를 느꼈던 거지요.

이대로 변호사　어쨌든 많은 사람이 모이면 폭력이 일어날 수밖에 없다는 민족 대표들의 예상은 적중했습니다. 그렇다면 민족 대표들이 고소를 당할 이유가 없지 않을까요?

김딴지 변호사　원고도 3·1운동 때 민족 대표들의 막중한 역할과 공로를 인정합니다. 더구나 피고 손병희에게 개인적인 감정이 있는 것도 아닙니다. 다만 우리 민족을 대표한다는 그분들의 비굴한 태도

동맹국
제1차 세계 대전 때 협상국에
맞서 동맹을 맺거나 협력했던
나라들을 통틀어 가리키는 말로
독일 제국과 오스트리아-헝가
리, 오스만 제국, 불가리아 등입
니다.

협상국
제1차 세계 대전 때 동맹국에
맞선 나라들을 통틀어 가리키는
말로 프랑스, 러시아, 영국을 비
롯해 미국, 일본, 이탈리아 등입
니다. 다른 말로 연합국이라고
도 부릅니다.

와 변절을 이해할 수가 없는 거지요. 원고는 민족 대표들
이 그렇게 된 이유를 엄중하게 묻고 그들이 지금처럼 높이
대우받는 게 과연 정당한지 따져 보려고 소송을 제기한 것
입니다.

판사　　처음부터 양측 변호인 간에 치열한 주장이 오가는
데요, 그러나 재판을 본격적으로 진행하기에 앞서 3·1운
동이 일어난 원인부터 살펴보는 게 순서일 것입니다. 먼저
피고 측 변호인은 3·1운동의 원인이 무엇이라고 생각합
니까?

이대로 변호사　　일반적으로 3·1운동이 일어난 계기로
1914년부터 1918년까지 이어졌던 제1차 세계 대전을 이야기합니
다. 제1차 세계 대전은 1914년 7월 28일, 오스트리아가 세르비아에
대해 선전 포고를 하면서 시작되었습니다. 이때 오스트리아, 독일,
오스만 제국을 중심으로 하는 동맹국이 영국, 프랑스, 러시아를 중
심으로 하는 협상국과 전쟁을 벌였는데, 다른 대륙에 속한 미국, 일
본 등 여러 나라가 이 전쟁에 개입하면서 역사상 처음으로 세계적인
규모의 전쟁이 되었습니다.

결국 1918년에 협상국이 승리하면서 제1차 세계 대전은 막을 내
렸고, 협상국은 프랑스 파리에서 '파리 평화 회의'를 열기로 합니다.
파리 평화 회의는 동맹국에게 제1차 세계 대전에 대한 책임을 묻고,
전쟁 결과에 따라 유럽 각국의 영토를 조정하며, 전쟁 이후 세계 평
화를 지키기 위한 내용을 협의하기 위해 열린 회의로, 1918년 후반기

부터 1919년 전반기까지 여러 달에 걸쳐 진행되었어요. 이 회의가 시
작될 무렵에 러시아, 미국 등이 민족 자결주의를 주장하게 되었지요.

김딴지 변호사   그래서 결론이 뭡니까?

이대로 변호사   누가 김딴지 아니랄까 봐 딴죽을 거십니까?

　민족 자결주의란 말 그대로 모든 민족의 운명은 그 민족 스스로
결정해 나가야 하며 다른 강대국들이 간섭할 수 없다는 사상입니다.
이에 대해 미국의 윌슨 대통령은, "식민지나 점령 지역의 피지배 민
족이 자유롭고 공평하며 동등하게 자신들의 정치적 미래를 결정할

수 있는 자결권을 인정해야 한다"고 말했지요. ▶이 선언이 알려지자 국내외의 독립지사들은 마침내 일제의 강제 통치를 벗어나 독립할 수 있는 길이 열렸다며 큰 용기를 얻었습니다.

판사　민족의 운명을 그 민족 스스로 결정하는 것은 당연한 일이 아닙니까?

이대로 변호사　지금은 당연하게 여겨지지만, 그 무렵만 해도 이는 약소국들에게 매우 반가운 선언이었어요. 당시 약소국들에겐 자기 민족과 나라의 운명을 결정할 만한 힘이 없었기 때문이지요. 따라서 강대국인 미국의 대통령이 민족 자결주의를 선언했다는 소식은 한국의 애국지사들에게 용기를 주었습니다. 당시 일제의 탄압을 피해 해외에서 항일 독립 투쟁을 펼치던 애국지사들은 민족 자결주의 선언에 큰 희망을 가지게 되었습니다. 그래서 1919년 2월 초에 만주에서 '무오 독립 선언'을 발표했고, 그 며칠 후 일본 도쿄에서는 한국인 유학생들이 '2·8 독립 선언'을 낭독했지요. 3·1운동은 이로부터 직접적인 영향을 받았습니다.

판사　그렇군요.

김딴지 변호사　판사님, 이의 있습니다. 한국의 독립지사들이 민족 자결주의에 대해 오해하고 있었다고 널리 알려져 있는데, 그 점을 짚고 넘어가야 합니다.

판사　나도 그런 이야기를 들은 적이 있습니다. 피고 측 변호인, 독립지사들이 민족 자결주의를 오해했다는 점에 대해 어떻게 생각합니까?

이대로 변호사　　월슨 대통령의 민족 자결주의에는 한계가 있었습니다. 월슨 대통령은 동맹국의 지배를 받던 유럽 각 지역의 영토를 조정하기 위해 민족 자결주의를 선언했던 것이거든요. 따라서 협상국의 지배를 받던 다른 대륙의 약소국가들과는 별로 관계가 없었지요. 더구나 제1차 세계 대전 때만 해도 일본은 협상국에 속해서, 영국, 프랑스, 미국 등 강대국들은 같은 협상국에 속해 있던 일본이 한반도를 지배하는 것을 눈감아 주었습니다. 그런데도 ▶한국의 독립지사들이 독립을 선언하고 만세 운동을 벌인 것은 민족 자결주의를 세계적인 흐름으로 판단했기 때문이지요.

　　3·1운동이 일어나게 된 배경에 대해 설명을 듣고 있던 피고 손병희가 손을 들더니 말했다.

손병희　　그 문제는 내가 직접 해명하리다. 요즘 일부 학자들은 우리가 월슨 대통령의 민족 자결주의를 오해했다고 말하지만 사실은 그렇지 않아요. 유럽 동맹국의 지배를 받던 나라들에만 해당된다는 것을 우리도 알았지요. 그럼에도 굳이 만세 운동을 준비한 것은, 유럽뿐만 아니라 다른 대륙에 있는 약소국가나 민족에게도 민족 자결주의 사상을 적용하도록 요구하려는 뜻에서였어요.

김딴지 변호사　　그런 목적을 가지고 있었으면서도 3·1운동 때 군중을 이끌지 않고 스스로 구속되었다니 더욱 이해

교과서에는

▶ 해외에 있는 우리 독립운동 단체는 민족 자결주의 제창 소식에 파리 강화 회의에 대표를 파견하고 독립운동 자금을 모으는 등 활발히 활동합니다.

할 수 없군요. 제가 볼 때 당시 독립지사들과 지식인들은 민족 자결주의에 대해 섣불리 생각했던 게 틀림없습니다. 쉽게 말해, 떡 줄 사람은 생각도 안 하고 있는데 김칫국부터 마셨던 것이죠.

이대로 변호사   원고 측 변호인은 조국의 자주독립을 위해 목숨 걸고 싸웠던 **선열**을 그런 식으로 모독하지 마세요. 판사님은 원고 측 변호인에게 주의를 주시기 바랍니다.

판사   원고 측 변호인은 발언에 주의하세요. 재판 결과에 좋지 않은 영향을 줄 수 있습니다.

지금까지 3·1운동이 일어난 배경에 대해 알아보았습니다. 그렇다면 3·1운동은 어떻게 전개되었는지 살펴보겠습니다.

김딴지 변호사   판사님, 피고 측 변호인은 3·1운동이 일어난 근본적인 배경을 설명하지 않았습니다. 그 부분에 대해서 제가 설명해도 될까요?

판사   제1차 세계 대전이 끝날 무렵 민족 자결주의가 선언됨에 따라 3·1운동이 일어난 게 아닙니까?

김딴지 변호사   물론 민족 자결주의 선언은 3·1운동이 일어난 직접적인 원인이 되었습니다. 하지만 보다 근본적인 배경은 따로 있었습니다.

판사   그렇다면 그 점에 대해 자세히 알아봅시다.

윌슨의 '14개조 평화 원칙'과
'민족 자결주의'

제1차 세계 대전이 시작될 무렵만 해도 미국은 중립을 지키며 전쟁에 개입하지 않았습니다. 그러다가 1917년에 독일이 미국에 대해 전쟁을 선포하고 러시아 혁명이 일어나 협상국(연합국)이 불리할 것으로 예상되자 제1차 세계 대전에 뛰어들었습니다.

이때 미국의 윌슨 대통령은, 미국이 제1차 세계 대전에 참전한 것은 세계 질서를 회복하고 국제 평화를 지키는 데 그 목적이 있다는 것을 밝히려고 했지요. 그래서 1918년 1월에 미국 의회에서 '14개조 평화 원칙'을 발표했습니다. 윌슨의 이 원칙은 같은 해에 열린 파리 평화 회의에서 채택되었습니다.

1. 강화 조약의 공개와 비밀 외교의 폐지
2. 공해(어느 나라의 주권에도 속하지 않으며 모든 나라가 공통으로 사용할 수 있는
   바다)의 자유
3. 공정한 국제 통상의 확립
4. 군비(전쟁을 치르기 위하여 갖춘 군사 시설이나 장비) 축소
5. 식민지 문제의 공평무사한 해결
6. 프로이센으로부터의 철군과 러시아의 정치적 발달에 대한 불간섭
7. 독일이 침략했던 벨기에의 주권 회복

8. 독일이 점령했던 알자스로렌 지방을 프랑스로 반환

9. 이탈리아 국경의 민족 문제 자체 해결

10. 오스트리아-헝가리 제국 내의 여러 민족 문제의 자체 해결

11. 발칸 반도의 여러 나라의 민족적 독립 보장

12. 오스만 튀르크 하의 여러 민족 문제의 자체 해결

13. 프로이센, 러시아, 오스트리아가 분할했던 폴란드의 재건

14. 국제 연맹의 창설

이와 같은 열네 가지 조항 중 5, 7, 9, 10, 11, 12, 13 등 여러 조항이 각 민족의 자결을 강조하고 있어서 이 '14개조 평화 원칙'을 흔히 '민족 자결주의 원칙'이라고도 부릅니다. 그러나 이 내용에서 알 수 있듯이, 미국의 윌슨 대통령이 말한 민족 자결은 제1차 세계 대전에서 패한 '동맹국'의 지배를 받던 민족에 대한 것이지 영국, 일본 등 협상국이 지배하고 있던 식민지에는 해당되지 않습니다. 따라서 우리의 애국지사나 지식인들이 이 선언을 두고 한국도 독립할 수 있겠다고 용기와 희망을 가진 것은 국제 정세를 잘 몰랐거나 윌슨의 선언을 착각한 것일 수 있습니다.

무오 독립 선언과 2·8 독립 선언

2

김딴지 변호사   일본은 한국을 강제로 지배하기 훨씬 전부터 치밀한 계획을 세워 두었습니다. 한일 강제 병합마저 1910년 8월 22일에 조약을 체결한 뒤 1주일 동안 발표를 미뤘지요. 한일 병합 조약이 맺어진 사실이 알려질 경우 한국인들이 대대적으로 반발할 것을 두려워했기 때문입니다. ▶일본은 1주일 동안 철저히 비밀을 지키면서 헌병과 군인을 서울 시내 곳곳에 배치해 한국인들을 철저히 감시했습니다. 이때 언론은 어느 때보다 심하게 탄압받았고, 한국인들은 아예 집회나 시위를 할 엄두를 낼 수 없었지요. 일제는 그런 식으로 한국인들의 눈과 귀, 입을 철저히 막은 뒤 8월 29일에 '한일 병합 조약'이 맺어졌다는 사실을 발표했습니다.

교과서에는

▶ 일제는 군대와 경찰을 배치하여 우리 민족의 저항을 차단하고 매국 내각과 병합 조약을 1910년에 체결합니다.

판사   그때 한국인들은 어떤 반응을 보였습니까?

김딴지 변호사   많은 사람들이 탄식하며 땅에 주저앉았습니다. 빛을 잃은 것처럼 우울해했습니다. 그날(8월 29일)은 나라가 수치를 당한 날이라는 뜻에서 '국치일'로 불리게 되었지요. 그리고 1945년 8월 15일에 일제가 연합국에 항복하고 물러나자 우리 민족이 빛을 다시 찾았다는 의미로 8월 15일을 광복절이라 부르게 된 것입니다. 아무튼 우리 민족은 국권을 완전히 빼앗긴 채 일제에 저항하지도 못했습니다. 몇몇 애국지사들이 일제의 지배를 받기 싫다며 스스로 목숨을 끊기도 했지만, 대부분의 국민들은 체념했습니다.

판사   그건 뜻밖이군요. 왜 체념할 수밖에 없었을까요?

김딴지 변호사   그것은 ▶1905년에 을사조약을 맺은 뒤 우리 민족이 일제의 실질적인 통치를 받아 왔기 때문입니다.

판사   일제의 강제 지배에 대해 면역이 생긴 셈이었군요.

김딴지 변호사   그렇게 볼 수 있습니다.

이대로 변호사   저는 그렇게 생각하지 않습니다. 발언 기회를 주시면 제가 한마디 하겠습니다.

판사   지금은 원고 측 변호인의 변론 시간이니 피고 측 변호인은 짧게 발언하세요.

이대로 변호사   원고 측 변호인은 많은 한국인들이 자포자기했다고 말하지만 실제로는 한일병합을 기정사실로 받아들이는 사람들이 훨씬 많았습니다. 뿐만 아니라 그런 변화를 환영하는 한국인들이 많았다는 기록도 있습니다.

교과서에는

▶ 을사조약으로 일본은 우리나라의 외교권을 빼앗았고 통감부를 설치하여 우리나라 내정을 간섭했습니다.

김딴지 변호사　판사님, 피고 측 변호인은 우리 선조 전체를 모욕하고 있습니다. 물론 피고 측 변호인의 말처럼 한일병합에 찬성한 사람들도 있었지만, 일반 국민들은 그들을 친일 매국노라고 부릅니다. 그들을 제외한 일반인들은 일본의 강제 통치에 대해 체념은 했을지언정 결코 찬성하지 않았습니다.

판사　좋습니다. 원고 측 변호인은 3·1운동이 일어난 배경에 대해 설명을 계속해 주세요.

김딴지 변호사　한일 강제 병합이 되었을 때 한국인들이 체념했던

갑신정변

고종 21년(1884)에 김옥균, 박영효 등의 개화당이 민씨 일파를 몰아내고 혁신적인 정부를 세우기 위하여 일으킨 정변으로, 거사 이틀 후에 민씨 등의 수구당과 청나라 군사의 반격을 받아 실패로 돌아갔습니다.

갑오개혁

고종 31년(1894) 7월부터 고종 33년(1896) 2월 사이에 추진되었던 개혁 운동입니다. 개화당이 정권을 잡아 3차에 이르는 개혁을 통해 재래의 문물 제도를 근대식으로 고치는 등 정치·경제·사회 전반에 걸쳐 혁신을 단행하였습니다.

가장 중요한 이유는 일제의 살벌한 무단 통치였습니다.

판사　무단 통치라면 일제가 헌병과 경찰을 앞세워 한국인의 모든 생활을 감시하고 억압했던 통치 방법을 가리키지요?

김딴지 변호사　그렇습니다. 그때 우리 국민들은 감옥에서 사는 것이나 마찬가지였습니다.

판사　그렇다면 원고 측 변호인은 무단 통치가 3·1운동의 근본적인 원인이었다고 말씀하는 겁니까?

김딴지 변호사　근본적인 원인이라기보다는 3·1운동이 일어난 여러 원인 중 하나였다고 하는 게 옳습니다.

판사　다른 원인들로는 무엇이 있을까요?

김딴지 변호사　그 무렵 우리 민족은 자유와 인권, 평등, 민주주의, 사회주의 등 여러 가지 근대 사상에 눈을 뜨기 시작했다는 걸 잘 아실 겁니다. 19세기 무렵 우리나라에 근대 사상이 소개되자 실학자 등 지식인들이 관심을 가졌고, 특히 조선 말기와 대한 제국 시기에는 개화사상이 널리 퍼지고 계몽 운동이 일어났습니다. 그 결과 많은 사람들이 봉건주의 대신 입헌 민주 정치를 원하게 되었고, 더 나아가 오늘날과 같은 민주 공화 정치에 큰 관심을 가지게 되었습니다. 아울러 갑신정변, 갑오개혁 등을 통해 과거의 신분 질서가 무너지고 평등사상이 자리 잡기 시작했지요. 1917년 러시아 사회주의 혁명 이후 사회주의와 공산주의, 무정부주의 등이 젊은 지식인들 사이에 빠르게 소개된 것도 주목해야 합니다.

판사　지금까지의 말을 정리하면, 3·1운동이 일어난 직접적인 계기로는 민족 자결주의 선언과 이에 영향 받은 무오 독립 선언, ▶2·8 독립 선언을 들 수 있고, 근본적인 배경으로는 민주주의와 인권, 평등사상 등 근대 사상과 이념이 자리 잡은 점을 들 수 있겠군요.

김딴지 변호사　바로 그게 제가 하려던 말입니다. 일제의 무단 통치하에서 당시 많은 학생과 시민들은 민주주의와 같은 근대 사상을 실천하기 위해 3·1운동을 준비했던 것입니다. 그리고 또 한 가지, 고종 황제가 승하한 것도 3·1운동의 직접적인 배경이 되었습니다. 이 점에 대해선 나중에 좀 더 자세히 말씀드리겠습니다.

판사　좋습니다. 그렇다면 3·1운동의 계기가 된 무오 독립 선언과 2·8 독립 선언은 어떻게 일어난 것입니까?

김딴지 변호사　당시의 사정을 설명하기 위해 독립운동가 최팔용 선생을 증인으로 신청합니다.

판사　허락합니다. 증인은 증인석에 나와 주세요.

최팔용이 법정으로 들어와 증인석에 앉자 방청석이 잠시 소란해졌다.

"독립운동가 중에 최팔용이란 분도 있었나?"

"독립운동가로 역사에 기록된 분들이 수천 명이 넘으니 그들 중 한 분이겠지."

승하
왕과 왕비의 죽음을 높여 부르는 말입니다.

교과서에는

▶ 일본에서는 유학생들이 「2·8 독립 선언서」를 발표하여 조선의 독립을 주장하였는데, 이 소식은 국내의 민족 대표들이 3·1운동을 준비하는 데 큰 자극이 되었습니다.

판사   방청객들은 조용히 하시고 증인은 선서를 하십시오.

김딴지 변호사   증인이 법정에 들어서자 방청객들이 잘 모르는 독립운동가라며 웅성거렸습니다. 그러니 증인은 선서를 하기 전에 간략히 자기소개를 해 주시겠습니까?

최팔용   나는 1891년 함경남도 홍원에서 태어났습니다. 스무 살 때인 1910년 봄에 일본으로 유학을 갔다가, 귀국해서 서울에서 오성 중학교를 졸업했습니다. 그 뒤 일본 와세다 대학 정치과에 입학해서 학문을 익히는 한편 조국의 독립을 위해 활동했습니다. 1919년 2월

8일에 2·8 독립 선언을 주도했다는 이유로 일제 경찰에 체포되어 9개월 동안 옥에 갇히기도 했지요.

김딴지 변호사　2·8 독립 선언의 주인공이신 증인은 스무 살 때 처음으로 일본에 갔다가 돌아와서 오성 중학교를 졸업했다고 했습니다. 왜 그랬습니까?

최팔용　그때 나는 신학문을 배울 생각으로 부모님 몰래 일본행 배를 탔던 겁니다. 다행히 집안 형편이 넉넉해서 도쿄에서 머물 때 크게 고생하지는 않았지만, 몇 달 후 조국이 일본에 병합되었다는 소식을 듣고는 얼마나 비통했는지 모릅니다. 그래서 다시 고국으로 돌아와 서울의 오성 중학교 정치과에 입학했던 것이지요.

김딴지 변호사　오성 중학교를 졸업하고 일본 와세다 대학에 입학했을 때는 무슨 활동을 했습니까?

최팔용　많은 친구들이 성격이 원만한 나를 지도자처럼 여겼습니다. 당시 한국인 유학생들은 나라의 주권을 일제에게 빼앗겼다는 사실을 무척 가슴 아프게 여겼고, 그래서 조국이 하루빨리 자주독립하기를 열망했어요. 그렇다 보니 한인 유학생 학우회 활동이 매우 활발하게 이루어졌지요. 이 한인 유학생 학우회는 민족주의 사상을 일깨우는 데 목적을 두었으며, 도쿄에 유학한 한국인 유학생이라면 누구든 의무적으로 가입해야 했습니다. 가입하지 않는 한국 학생들은 '일본의 개' 또는 '나라의 적'이란 비난을 받을 정도였지요. 나는 1918년 2월 10일, 한인 유학생 학우회에서 펴내는 기관지 『학지광』의 편집국장으로 선출되었습니다.

기관지
개인이나 단체에서 그 기관의 목적을 이루거나 생각 등을 알리려고 펴내는 신문이나 잡지를 말합니다.

김딴지 변호사　증인이 ▶2·8 독립 선언을 주도한 과정을 설명해 주시겠습니까?

최팔용　내가 『학지광』 편집국장으로 일할 때 제1차 세계 대전이 끝나면서 해외의 한국인 독립지사들이 활발하게 외교 활동을 펼치는 것을 알았습니다. 파리 평화 회의에 한국인 대표를 파견해 독립을 호소하는가 하면 독립운동 자금을 모금하기도 했지요. 그런 데다 미국의 윌슨 대통령이 민족 자결주의를 선언함에 따라 우리는 자주독립의 기회가 성큼 다가왔다고 여겼습니다. 그래서 나는 "지금 전 세계적으로 민족 자결주의 바람이 불고 있으니 우리 민족도 머잖아 독립할 기회가 왔다. 우리 유학생들도 일어나야 한다"고 말하며 몰래 동지들을 모아 나갔지요. 그래서 나를 비롯해 송계백, 전영택 등 10명의 실행 위원이 선출되었습니다.

1918년 12월 말경에 한인 유학생 학우회가 주도하는 웅변대회가 열렸는데, 이 대회를 계기로 유학생들이 독립 선언을 하기로 뜻을 모았습니다. 먼저 「독립 선언서」를 한글과 영어, 일어로 만든 뒤 도쿄에 있던 각국 공관과 일본 정부의 각 기관, 일본의 정치인들과 언론사 등에 배포하기로 했습니다.

김딴지 변호사　그때부터 2·8 독립 선언이 준비되었던 것이군요.

최팔용　그렇습니다.

판사　이번엔 판사인 내가 질문하겠습니다. 2·8 독립 선언 전에 만주에서 무오 독립 선언이 있었는데 증인은 그

교과서에는

▶ 2·8 독립 선언 결의문에는 '우리는 한일 강제 병합이 우리 민족의 자유의사에서 비롯되지 않았으며 그것이 우리 민족의 생존 발전을 위협하고 동양의 평화를 저해하는 원인이 된다고 생각하므로 독립을 주장하는 것이다'라는 내용이 담겨 있습니다.

사실을 알고 있었습니까?

최팔용　　물론 알고 있었습니다.

판사　　당시 만주와 일본 사이에 교통이나 통신이 원활하지 않았을 텐데 어떻게 알았습니까?

최팔용　　무오 독립 선언은 2·8 독립 선언이 있기 며칠 전에 만주와 옌하이저우, 중국, 미국 등에서 활약하던 독립지사 39명이 서명해 만주 지린 성에서 발표한 것입니다. 우리나라 최초의 독립 선언이라는 점에서 의의를 찾을 수 있으며, 자주독립을 위해서는 일본과 무력 전쟁이라도 마다하지 말아야 한다고 주장한 점에서 기미년의 「독립 선언서」와는 차이가 있지요. 무오 독립 선언은 1919년 2월 초에 이루어졌지만, 그때가 음력으로는 무오년(1918) 12월이었기에 '무오 독립 선언'이라 하며 달리 '대한 독립 선언'이라고도 부릅니다. 그런데 조소앙이 무오 독립 선언을 이끌었던 독립운동가 김규식 선생의 지시를 받고 도쿄로 파견되어 한국인 유학생들을 지도함에 따라 2·8 독립 선언이 열매를 맺게 되었어요.

판사　　그러니까 무오 독립 선언과 2·8 독립 선언은 깊은 관계가 있다고 볼 수 있겠군요.

최팔용　　그렇습니다. 더구나 무오 독립 선언과 2·8 독립 선언은 몇 가지 공통점도 가지고 있습니다. 두 선언 모두 비슷한 시기에 발표되었으며 윌슨의 민족 자결주의의 영향을 받아 발표되었다는 점, 국내가 아닌 해외의 독립지사 또는 유학생들이 발표했다는 점, 그리고 3·1운동에 직접적인 영향을 주었다는 점 등이 그렇지요.

신한청년당

1919년에 상하이에서 김구, 여운형, 이광수 등이 중심이 되어 조직한 독립투사의 모임입니다. 당원은 약 50명이었으며, 기관지『신한청년보』를 발간하여 독립 정신을 고취하였고, 김규식을 파리 강화 회의에 민족 대표로 보내기도 하였습니다.

김딴지 변호사 당시 상하이에 머물고 있던 여운형 등 청년 지식인들도 3·1운동에 직접적으로 영향을 주었습니다. 증인은 그들이 3·1운동에 어떤 영향을 주었는지 말씀해 주시겠습니까?

최팔용 그분들의 활약에 대해 자세히 알지는 못하지만 2·8 독립 선언과 3·1운동에 매우 큰 영향을 주었다는 점은 분명합니다.

그때 김딴지 변호사가 손을 들어 판사에게 발언을 신청했다.

김딴지 변호사 판사님, 제가 좀 더 보충 설명을 하겠습니다. 그 무렵 상하이에서 활약하던 여운형, 김철, 선우혁 등 젊은 애국지사들이 '신한청년당'이라는 정치 단체를 조직하고 파리 강화 회의에 김규식을 한국 대표로 파견하여 국제 사회에 일제 침략의 부당함과 한국이 독립해야 할 필요성을 널리 알리게 했습니다. 이 소식이 국내외로 전해지자 만세 운동을 준비하던 청년 지식인들은 큰 용기와 희망을 가졌으며 이는 결국 3·1운동을 일으키는 중요한 계기가 되었습니다. 신한청년당은 얼마 후 상하이에 세워진 대한민국 임시 정부의 바탕이 되기도 했지요.

판사 그러니까 신한청년당은 3·1운동이 일어나는 중요한 원인이 되었으며, 거꾸로 3·1운동의 영향을 받아 신한청년당을 중심으로 하는 대한민국 임시 정부가 세워졌다는 뜻인가요?

김딴지 변호사   그렇습니다.

판사   흥미로운 주장이군요. 원고 측 변호인은 증인 신문을 계속하세요.

김딴지 변호사   감사합니다. 증인은 1919년 2월 8일, 그러니까 2·8 독립 선언 당시의 일에 대해 진술해 주시기 바랍니다.

최팔용   도쿄의 한국인 유학생들이 민족 자결의 원칙을 비롯해 국제 정세를 자세히 알게 된 것은 와세다 대학 철학과에 다니던 이광수가 1918년 베이징을 방문해 소식을 듣고 재빨리 전해 주었기 때문입니다.

김딴지 변호사   잠깐만요. 이광수라면 『흙』, 『무정』 등 유명한 소설을 썼던 춘원 이광수를 말합니까?

최팔용   그렇습니다. 그는 나중에 친일파로 변절해 민족 반역자로 지탄받고 있지만 당시만 해도 애국적인 청년 지식인이었습니다. 이광수를 통해 국제 정세를 알게 된 우리 유학생들은 자주독립의 기회가 찾아왔다는 희망을 안고 「독립 선언서」를 발표할 준비를 했지요. 물론 글솜씨가 좋은 이광수가 「독립 선언서」 초안을 썼습니다. 나는 우리말로 쓴 「독립 선언서」를 영어와 일본어로 옮기게 한 뒤 일본 정부 각 기관과 외국 공사관에 배포했습니다.

김딴지 변호사   1919년 2월 8일, 도쿄의 조선 기독교 청년 회관에 모였던 한국인 유학생은 몇 명 정도였습니까?

최팔용   정확하지는 않지만 약 400~500명 정도로 실내가 꽉 찼던 것으로 기억합니다. 이때 내가 '조선청년독립단'이 발족되었음을 선언했습니다. 곧이어 백관수가 「독립 선언서」를 힘차게 낭독하자 참여했던 청년 학생들이 우레와 같은 박수를 보냈지요. 그날 나는 사회를 맡아 조선의 자주독립을 위해 우리 유학생들이 앞장설 것을 제안하고 구체적인 방향을 논의했습니다. 그러자 얼마 후 일본 경찰이 회의장 안으로 들이닥쳐 해산할 것을 명령했고 우리 학생들은 완강히 거부했어요. 그러나 일본 경찰이 몽둥이를 휘두르는 바람에 강제 해산되었고, 나를 비롯해 60명이 검거되고 그중 8명이 기소되었지요. 그날 구속되지 않은 학생들은 일제의 탄압에 굴하지 않고 2월 12일에 다시 독립운동을 하다가 검거되었어요. 이런 사실은 백관수, 이광수 등이 국내외로 전해 널리 알려지게 되었습니다.

김딴지 변호사　　결국 무오 독립 선언과 2·8 독립 선언은 3·1운동이 일어나는 데 결정적인 영향을 주었군요.

최팔용　　그렇습니다.

김딴지 변호사　　감사합니다. 제 질문은 여기까지입니다.

판사　　이번엔 피고 측 변호인이 신문하세요.

이대로 변호사가 증인석 앞으로 천천히 걸어 나갔다.

이대로 변호사　　간략히 묻겠습니다. 증인은 일본 도쿄 한복판에서 2·8 독립 선언을 주도했다고 증언했습니다. 그런데 일본 경찰의 처벌은 의외로 가볍지 않았나 싶군요. 이 점에 대해선 어떻게 생각하십니까?

최팔용　처벌이 가벼웠다니 말도 안 되오. 우리 유학생들은 일제에게 빼앗긴 주권을 되찾자며 평화적인 집회를 가졌어요. 그럼에도 일본 경찰은 강제 해산을 명령했고, 우리가 저항하자 마구 폭력을 휘두르며 수십 명을 구속했지요. 그게 가벼운 처벌이란 말입니까?

이대로 변호사　그렇다면 2·8 독립 선언 후 증인은 어떻게 되었습니까?

최팔용　처음엔 징역 1년형을 선고받았으나 계속 항소하여 9개월형을 선고받고 옥고를 치렀어요. 출옥한 뒤 귀국해서 다시 독립운동을 시작하려다가, 1922년에 서른두 살로 세상을 떠나 이곳 역사공화국의 시민이 되었습니다.

이대로 변호사　　아, 그렇군요. 감사합니다. 더 이상 질문할 것이 없습니다.

판사　　원고 측 변호인이 아까 무오 독립 선언, 2·8 독립 선언과 함께▶고종 황제의 승하도 3·1운동에 큰 영향을 주었다고 했지요?

김딴지 변호사　　그렇습니다.

판사　　1919년 당시 고종 황제는 아무런 권력도 없었을 텐데 왜 그의 승하가 3·1운동에 영향을 주었던 걸까요?

김딴지 변호사　　고종 황제는 1907년 여름, 네덜란드 헤이그에 이준 등 밀사를 보냈다는 이유로 이토 히로부미와 이완용 등 친일파 대신들의 압박을 받아 황제 자리에서 억지로 밀려났습니다. 곧 그의 아들인 순종 황제가 뒤를 이었지만, 당시 순종은 이름만 황제일 뿐 아무런 권력도 없는 상징적인 존재였고 실제 권력은 조선 통감이 쥐고 있었지요. 그러다가 1910년 한일 강제 병합 후에는 황제라는 직위마저 빼앗기고 '이 왕'으로 불렸습니다.

판사　　'이 왕'이란 무슨 뜻입니까?

김딴지 변호사　　말 그대로 이(李)씨 성을 가진 왕이란 뜻입니다. 당시 일제는 한일 강제 병합에 공을 세운 친일파 대신들에게 후작이니 백작이니 하는 작위를 내리고 공로에 따라 토지를 주었지요. 이때 친일파들이 받았던 토지는 해방 후 대한민국 정부의 토지가 되었는데, 친일 매국노의

교과서에는

▶ 고종 황제가 서거하자 일제가 독살했다는 소문이 퍼져 국민들은 크게 분노합니다. 이에 독자적으로 독립 운동을 준비하던 천도교계, 기독교계, 불교계 학생들도 힘을 더하게 되지요.

후손들이 그 땅을 돌려달라며 소송을 벌여 한때 커다란 사회 문제가 된 적도 있습니다. 아무튼 순종 황제는 이 왕으로 지위가 떨어졌으며 아무런 권력도 없는 허수아비 왕에 지나지 않았어요. 하지만 당시 우리 국민들은 마음속으로나마 여전히 고종 황제와 순종 황제를 임금으로 섬기고 있었습니다. 특히 강제로 물러나 덕수궁에 머물고 있던 고종 황제에 대한 존경심은 매우 컸습니다. 그런 고종 황제가 갑자기 승하하자 그 슬픔은 이루 말할 수가 없었던 것입니다.

판사 김 변호사는 당시 한국인들 사이에 민주주의와 평등주의, 사회주의 등 근대적인 이념이 자리 잡았다고 했지요? 그럼에도 고종 황제에 대해 존경심을 가졌다는 게 쉽게 납득되지 않는군요.

김딴지 변호사 아무리 새로운 이념에 관심이 기울었다 해도 수천 년 동안 '임금은 하늘과 같다'는 관념이 있었는데 그것을 쉽게 떨쳐 낼 수는 없었을 것입니다. 그래서 요즘도 황제가 존재하는 나라를 배경으로 한 TV 드라마가 지상 세계에서 자주 방영되는 게 아닐까요?

판사 나도 몇 번 봤어요. 이승기라는 배우가 나오는 〈더 킹〉이라는 드라마지요?

김딴지 변호사 그렇습니다. 하지만 저는 이번 재판에 몰두하느라 한 번도 안 봤습니다.

아무튼 그 무렵 고종 황제는 우리 국민의 정신적인 기둥과도 같은 존재였습니다. 더구나 당시엔 나라의 주권을 잃은 데다 고종 황제가 독살되었을지 모른다는 소문이 떠돌고 있었지요.

방청석이 갑자기 소란스러워졌다.

판사　나도 지상 세계에서 방송된 TV 다큐멘터리 〈역사 스페셜〉에서 그 내용을 봤어요. 하지만 이곳 방청객과 배심원들을 위해 그 부분을 조금만 설명해 보세요.

김딴지 변호사　판사님은 TV 드라마나 다큐멘터리에 관심이 많으신가 봅니다.

고종 황제는 1919년 1월 21일 오전에 덕수궁 함녕전에서 68세의 나이로 갑자기 운명했다고 합니다. 평소 별다른 지병이 없던 고종 황제가 숨지자 조선 총독부는 사망 원인을 뇌출혈이라고 발표했지요. 하지만 고종 황제의 시신의 상태나 가까이에서 모셨던 사람들의 증언 때문에 독살설이 퍼지게 되었어요.

판사　시신이 어땠기에 그런 소문이 퍼졌던 걸까요?

김딴지 변호사　시신 상태가 독살당한 사람의 것처럼 참혹했다고 합니다. 고종 황제는 권력을 잃었지만 일제의 정책에 반대하며 독립 지사들을 지원하려고 했습니다. 그러던 중 제1차 세계 대전이 끝나고 파리 강화 회의가 열리자 고종은 이준 열사를 헤이그에 보냈던 것처럼 다시 한 번 밀사를 파견하려고 했지요. 이때 그런 사실을 눈치챈 일제가 고종 황제를 모시던 궁녀를 협박해 식혜에다 독극물을 넣게 했다는 것입니다. 이게 사실인지는 알 수 없지만 이런 소문은 삽시간에 전국에 퍼졌고, 우리 민족은 일제의 잔악함에 다시금 치를 떨었지요. 그래서 고종 황제의 장례식이 예정되어 있던 3월 3일에 맞춰 전국 각지에서 수십만 명의 인파가 서울로 모여들었던 겁니다.

판사　　좋습니다. 오늘은 3·1운동이 일어난 배경에 대해 자세히 알
아보았습니다. 이것으로 오늘 재판을 마칩니다.

　땅, 땅, 땅!

신한청년당과 3·1운동

　신한청년당은 3·1운동이 일어나기 전에 여운형이 조직한 단체였습니다. 여운형은 중국으로 가서 3년 동안 공부한 뒤 상하이 교민단장으로 추대되어 한국인 청년 300여 명을 미국, 유럽, 중국의 여러 학교로 유학 보내는 데 큰 역할을 했습니다.

　여운형은 1918년 8월부터 김철, 선우혁 등과 함께 독립운동의 방향과 방법을 토론하는 모임을 정기적으로 갖기 시작했습니다. 석 달 후인 1918년 11월에 제1차 세계 대전이 끝나고 이어 미국의 윌슨 대통령이 민족 자결주의 원칙을 발표하자, 여운형 등은 큰 희망과 용기를 얻고 파리 강화 회의에 한국의 대표를 파견하기로 뜻을 모았습니다.

　이때 여운형은 상하이에 와 있던 미국의 크레인 특사 등을 만나 상의했는데, 크레인은 힘 닿는 대로 한국의 독립을 돕겠다면서 한국 대표를 파리 강화 회의에 파견하려면 한국을 대표하는 정치 단체를 만드는 게 좋을 것이라고 제안했습니다. 이에 여운형은 자신이 이끄는 연구 모임의 이름을 신한청년당이라고 정했습니다. 여기서 신한은 새로운 한국을 세운다는 뜻입니다.

　신한청년당은 우리나라 최초의 근대적인 정당이었습니다. 여운형은 곧이어 파리에 파견할 한국 대표를 뽑았는데 그가 바로 김규식입니다. 김규식은 미국 로노크 대학교를 마치고 프린스턴 대학원에서 석사 학위를 받은 뒤 귀국한 지식인이었습니다. 김규식은 연희 전문학교(훗날 연세 대학교)에서 강의하다가 중국으로 망명했는데, 영어와 불어를 비롯해 8개 국어를 할 줄 알았다고 합니다.

　김규식은 여운형 등 신한청년당의 제안을 받고 기꺼이 한국 대표가 되어 파리 강화 회의에 참석하기로 했습니다. 이에 신한청년당은 김규식이 파리로 가서 활동하는 데 필요한 자금을 모았으며 한국의 독립을 요구하는 진정서를 만들었습니다.

　얼마 후 김규식은 큰 희망을 안고 파리에 도착했지만 일제의 방해 때문에 파리 강화 회의에 참석할 수가 없었습니다. 김규식은 이에 굴하지 않고 파리에 계속 머물면서 한국의 독립을 전 세계에 호소했으며, 1919년에는 대한민국 임시 정부 외무총장직을 맡아 일본의 한국 침략을 규탄하였습니다.

　이와 같은 신한청년당의 활동에 따라 2·8 독립 선언과 3·1운동의 불꽃이 타오르게 되었으므로, 많은 역사학자들이 "신한청년당은 3·1운동의 배경이요 뿌리"라고 평가하게 된 것입니다.

다알지 기자

　　　　　　　드디어 이번 달 역사공화국의 인기 검색어 1위로 떠오른 3·1운동에 대한 첫 번째 재판이 끝났습니다. 이번 재판은 당시 학생 대표로 활약한 강기덕이 민족 대표 33인 중 지도자였던 손병희를 고소하면서 시작되었습니다. 지금까지 존경받던 3·1운동의 민족 대표가 왜 고소를 당했는지 궁금하군요. 그럼 오늘 재판을 마친 원고와 피고의 소감을 들어 보겠습니다.

강기덕

여러분, 저는 강기덕입니다. 한복 차림에 수염을 멋지게 기른 어떤 정치인과 이름이 비슷하다고요? 이름만 비슷할 뿐이지 서로 모르는 사이인 데다가 내가 대선배니까 착각하지 말아 주세요.

아 참, 3·1운동 때 나는 보성 법률 상업 학교 학생이었고 나이가 서른세 살이었습니다. 뭐, 늦은 나이에 학교를 다녀서 그랬는지 다른 분들이 나를 민족 대표 48인의 한 사람으로 뽑아 주더군요. 그런데 솔직히 나는 민족 대표라는 명예에 별로 미련이 없어요.

나는 민족 대표 33인의 행위에 크게 실망했으며 더 나아가 배신감을 느꼈습니다. 자기들끼리 따로 모여 「독립 선언서」를 낭독하고 스스로 체포된 후 목숨을 구걸했는데도 이 나라의 독립을 위해 모든 것을 바친 것처럼 존경받고 있으니 이런 어처구니없는 일이 어디 있겠어요? 그래서 나는 그분들의 실상을 여러분에게 고발하려고 소송을 제기한 거예요. 이름 없는 민중의 힘이 역사를 바꿀 수 있다는 걸 보여 줄 것이니 여러분도 뜨겁게 호응해 주세요.

손병희

　여러분, 반갑습니다. 나는 동학에 뿌리를 둔 천도교의 3대 교주 손병희입니다. 잘 아시다시피 동학을 창제하신 수운 최제우 선생은 '인내천' 다시 말해 '사람은 곧 하늘'이라는 사상을 널리 펴신 분입니다. 그런 가르침을 실천해 왔던 내가 이처럼 고소를 당해 법정에 서는 날이 있으리라고 어찌 상상이나 했겠습니까?

　여러분은 3·1운동 하면 가장 먼저 무엇이 떠오릅니까? 뭐라고요? 유관순 열사요? 아, 물론 유관순 열사가 목숨 걸고 일제 헌병과 경찰에 맞선 용기는 인정합니다. 또한 우리나라의 독립을 끝까지 주장하다 의롭게 숨진 일에 대해서 항상 경의를 표합니다. 그러나 유관순 열사가 잔 다르크처럼 저항할 수 있도록 멍석을 깔아 준 사람들이 누굽니까? 네, 그렇습니다. 용기 있게 나선 우리 민족 대표들이었습니다. 그러니 3·1운동이라 하면 민족 대표 33인을 가장 먼저 생각해 주셔야 하지 않겠어요? 그런데 오히려 우리 민족 대표들 때문에 정신적 피해를 입었다며 고소하는 것은 너무 심하지 않습니까?

　여러분, 우리 민족 대표에게 격려의 박수를 보내 주세요.

3·1운동은
어떻게 전개되었을까?

교과연계

역사
IX. 민족의 독립운동
  2. 3·1운동
    1) 3·1운동의 전개 과정과 그 의의는?
      ─3·1운동의 배경

1

3·1운동을 준비한
민족 대표들

판사   오늘은 3·1운동의 준비 과정과 국내외에서 전개된 과정에
대해 알아보겠습니다. 먼저 피고 측 변호인이 변론하세요.

이대로 변호사   그것에 대해 알아보기 위해 민족 대표 33인 중 한
분이었던 이종일 선생을 증인으로 신청합니다.

판사   허락합니다.

잠시 후 독립운동가 이종일이 증인석에 올라 증인 선서를 했다.

이대로 변호사   증인은 대표적인 독립운동가의 한 사람으로 추앙
받고 계신데요, 이곳 방청객과 배심원들을 위해 간단히 자기소개를
해 주십시오.

이종일　나는 1858년에 충청남도 태안군에서 태어나 일찍이 개화사상에 큰 관심을 가지고 공부했습니다. 1882년에는 일본을 방문해 일본의 근대화 과정을 살펴보았고, 1906년에는 천도교 신도가 되어 교단에서 중요한 역할을 맡게 되었습니다. 천도교에서 설립한 보성사라는 인쇄소의 사장을 지내기도 했지요. 보성사는 그 무렵 가장 규모가 큰 인쇄소 중 하나로 천도교 단체에서 발행하는 여러 가지 출판물을 인쇄했어요. 무엇보다 3·1운동 직전에 「독립 선언서」를 인쇄한 곳이 바로 보성사였지요.

「독립 선언서」
3·1운동 시의 「독립 선언서」를 '기미 독립 선언서'라고도 합니다. 1919년 3월 1일에 민족 대표 33인이 한국의 독립을 내외에 선언한 글입니다.

이대로 변호사　증인은 어떻게 민족 대표로 활약하게 되었습니까?

이종일　도쿄에서 2·8 독립 선언이 있은 뒤 도쿄의 한국인 유학생을 대표해 송계백이 몰래 서울에 들어왔어요. 송계백은 자기 선배이자 중앙학교 교사였던 현상윤을 찾아가 도쿄에서 만세 운동이 있었다는 걸 알리고 인쇄된 「독립 선언서」를 건넸습니다. 현상윤과 중앙학교 교장 송진우 등은 그 일을 천도교의 최남선, 최린 등에게 알렸고 곧이어 천도교 교주인 손병희에게도 알렸습니다. 손병희 교주는 그때 천도교뿐만 아니라 온 민족의 이름으로 국내에서 독립 선언을 하고 만세 운동을 펼쳐 나가자고 제의했어요.

이대로 변호사　어떤 사람들에게 제의했나요?

이종일　처음엔 조선 말기와 대한 제국 시기에 벼슬을 했던 전직 고위 관료들을 찾아가 만세 운동의 지도자가 되어 달라고 부탁했습니다. 하지만 그들 중 누구도 나서지 않았습니다. 그들의 태도에 실망한 손병희 선생은 종교 지도자들을 만나기로 했습니다.

이대로 변호사　　그래서 민족 대표 33인이 종교 지도자들로만 이루어졌던 거로군요.

이종일　　그렇습니다. 당시 조선 총독부는 무단 통치를 펴고 있었지만 종교인들만큼은 함부로 탄압하지 못했어요. 다시 말해 종교 지도자들이 정치인이나 언론인보다 상대적으로 활동하기에 자유스러웠지요. 그런 상황을 알고 있던 손병희 선생은 각 종교의 지도자들을 만나 민족 대표가 되어 줄 것을 부탁했고, 그 결과 천도교에서 15명, 기독교에서 16명, 불교에서 2명이 민족 대표로 이름을 올리게 된 겁니다.

이대로 변호사　　그때 증인도 민족 대표로 서명하게 되셨군요. 그런데 불교는 삼국 시대에 이 땅에 전래되었고 스님들도 무척 많았을 텐데 왜 2명밖에 서명하지 못했을까요?

이종일　　불교가 한반도에 전래된 지 1600여 년이나 되었지만 조선 시대 500여 년 동안 탄압을 받았고 특히 갑오개혁 이전에는 승려들이 함부로 도성 출입조차 할 수 없었지요. 한마디로 오랜 역사에 비해 영향력은 별로 없었어요. 더구나 당시엔 교통과 통신이 발달하지 않아 깊은 산속의 사찰에서 수행하는 스님들과 연락하는 게 쉽지 않았어요. 그런 여러 가지 이유로 불교계 대표로 서명한 사람은 한용운 스님과 백용성 스님 둘밖에 없었던 겁니다. 한용운 스님의 경우 천도교 지도자였던 최린 등과 가깝게 지냈고, 또 서울에 머물면서 시를 쓰고 불교 잡지도 발행하고 있어서 쉽게 연락이 닿았습니

다. 백용성 스님은 그 무렵 참선 수행을 널리 전하려고 서울에 대각사, 선학원 등을 세우고 열심히 포교 활동을 하고 있었는데, 한용운 스님이 권유해서 민족 대표로 서명하게 되었지요.

이대로 변호사　　불교 외에 유림 세력의 영향력도 매우 컸을 텐데 그들이 민족 대표로 참여하지 않은 것은 무슨 까닭입니까?

이종일　　유교 지도자들은 조선 후기부터 을미 의병, 을사 의병 등을 이끌며 애국적인 활동을 펼쳤고, 그 뒤로는 만주, 옌하이저우 등으로 망명해 독립군을 양성하는 데 앞장섰어요. 그러나 3·1운동 때만 해도 대부분의 유림은 일제로부터의 독립과 함께 **왕정복고**를 원하고

왕정복고
공화 정체나 그 밖의 다른 정체
가 무너지고 다시 군주 정체로
되돌아가는 일, 즉 왕이 다시 나
라를 다스리게 되는 것을 말합
니다.

있었습니다. 조선 시대와 같은 왕조 체제를 만들려고 했던 것이죠. 하지만 그런 움직임은 근대 사상이라는 시대의 흐름을 거스르는 일이었어요. 그래서 천도교나 기독교 지도자들은 유교 지도자들에게 별로 관심을 두지 않았지요.

· 다만 한용운 스님은 독립운동가이면서 유학자인 곽종석 선생을 유교 대표로 포함시켜야 한다고 주장했어요. 그래서 직접 곽종석 선생이 살고 있던 경상남도 거창까지 내려가 민족 대표가 되어 줄 것을 부탁했고 기꺼이 허락을 받았습니다. 그런데 곽종석 선생은 민족 대표로 서명하기 직전에 큰 병을 얻어 병석에 눕게 되었고, 며칠 후 그의 아들이 도장을 가지고 서울에 왔을 때는 이미 「독립 선언서」가 인쇄된 뒤였습니다. 그래서 유교 지도자가 민족 대표에서 빠지게 되었어요.

이대로 변호사　　그렇군요. 민족 대표는 33명이라고 알고 있지만 때로 48명이라고 하기도 하던데 그 기준은 무엇인가요?

이종일　　우리가 처음부터 민족 대표를 몇 명으로 할지 정한 것은 아니었습니다. 한용운 스님은 적어도 100명 이상 추대하자고 제의했지만 그게 쉽지 않았어요. 우리는 짧은 기간 안에 되도록 많은 종교 지도자들을 민족 대표로 선출하려고 했는데, 그 결과 모두 48명이 민족 대표로 이름을 올리게 되었지요. 그리고 그중에서 「독립 선언서」에 민족 대표로 서명한 사람은 33명입니다. 나머지 15명은 좀 더 자유롭게 활동하기 위해 서명하지 않았어요. 그래서 일반적으로 민족 대표라 할 때는 「독립 선언서」에 서명한 33명만 가리키지만,

때로는 서명하지 않았던 사람들을 포함해 48명 모두를 민족 대표라 부르기도 합니다.

이대로 변호사　　민족 대표들은 3·1운동을 앞두고 모임을 자주 가졌겠지요?

이종일　　그렇습니다. ▶먼 곳에 나가 있거나 쉽게 연락이 닿지 않는 사람들을 제외하고는 자주 만나서 3·1운동을 어떻게 펼칠지 의견을 모았습니다.

이대로 변호사　　모임에서 결정된 내용으로는 어떤 것이 있습니까?

이종일　　가장 중요한 것은 만세 운동의 시기와 장소를 정하는 것이었어요. 아울러 「독립 선언서」의 원고를 쓰고 인쇄해서 전국에 배포하는 일도 매우 중요했지요.

　처음엔 고종 황제의 장례식이 예정된 3월 3일에 만세 운동을 하기로 결정했습니다. 그날은 서울뿐만 아니라 전국 각지에서 수십만 명이 모여들어 고종 황제의 마지막 가시는 길을 지켜볼 것으로 예상되었기 때문이지요. 하지만 민족 대표들 사이에서 "만세 운동으로 황제의 장례식을 어지럽히는 것은 도리가 아니다"라는 의견이 나와서 하루 앞당겨 일요일인 3월 2일에 만세 시위를 하기로 했어요. 그러자 이번엔 기독교 대표들이 예배 때문에 일요일 집회는 곤란하다고 반대해서 결국 토요일인 3월 1일로 날짜를 앞당긴 것입니다.

이대로 변호사　　원래 계획대로 했으면 3·1절이 아니라 3·3절 또는 3·2절이 될 뻔했군요. 증인은 「독립 선언서」

교과서에는

▶ 민족 지도자들은 독립운동의 방향을 논의하고 독립 의지를 분명하게 밝히기로 하였습니다.

를 인쇄할 때 매우 위험한 고비를 넘기셨지요?

이종일 　그렇습니다. 그때의 일을 생각하면 지금도 식은 땀이 납니다. 잘 알려진 것처럼 기미년 「독립 선언서」는 육당 최남선이 초안을 쓰고 만해 한용운 스님이 공약 3장을 덧붙여서 완성되었어요. 그 끝에는 '조선 민족 대표' 33명의 이름도 붙여졌고요. 이렇게 만들어진 원고가 최남선이 운영하는 '신문관'이라는 출판사에서 조판되었고, 이어서 인쇄를 하기 위해 우리 보성사로 옮겨졌습니다. 그때가 2월 27일 오후 6시였는데, 사장이던 내가 직접 인쇄 과정을 지켜보는 가운데 공장 감독 김홍규, 총무 장효근 등이 비밀리에 인쇄를 했지요.

이대로 변호사 　그런데 사전에 정보를 알고 있던 종로 경찰서 신승희(신철) 형사가 인쇄소로 들이닥쳤다지요?

이종일 　당시 한국인으로서 형사가 되기란 쉽지 않았어요. 그만큼 일제에 대한 충성심이 강해야 하기 때문이지요. 신 형사도 한국인들 사이에서 악명을 떨치던 자였어요.

　민족 대표를 중심으로 만세 운동이 일어날 것이란 정보를 미리 알고 있었던 신 형사가 보성사로 들이닥쳤을 때, 나는 그만 간이 떨어지는 줄 알았소. '아니, 저자가 어떻게 냄새를 맡고 찾아온 거지? 이걸 어쩐다? 이럴 땐 뇌물을 주어 저자의 입을 틀어막아야 할 텐데, 갑자기 그런 돈을 어디서 구한단 말인가?' 나는 짧은 순간 수많은 생각을 하면서 어떻게든 신 형사의 발걸음을 돌리려고 했어요. 그런데 신 형사가 음흉하게 웃으면서 인쇄 중이던 「독립 선언서」 한 장을

집어 들고 묻더군요. "이 사장, 「독립 선언서」라니 이게 대체 뭐요?"
그래서 내가 설득했습니다. "신 형사! 내일모레 우리 민족 대표들이
「독립 선언서」를 낭독하려고 합니다. 평화적으로 집회를 열고 끝낼
테니 이번 일은 눈감아 주길 바라오. 신 형사도 한국인의 한 사람이
지만 어쩔 수 없이 종로 경찰서에 몸담고 있는 게 아닙니까? 우리가
비록 일제의 지배를 받고는 있지만 영원히 이렇게 살 수는 없잖습니
까? 신 형사도 한민족의 한 사람이니 독립운동에 함께 참여하진 못
하더라도 방해하진 않으리라 믿습니다" 이러면서요. 얼마 후에는 손
병희 선생도 연락을 받고 신 형사를 설득했지요.

탑골 공원
서울 종로 2가에 있는 우리나라 최초의 공원으로 3·1운동 때 「독립 선언서」를 낭독한 곳으로도 유명합니다.

충견
주인에게 충성스러운 개라는 뜻입니다. 주로 윗사람에게 충실한 앞잡이 노릇을 하는 사람을 비유하는 말이지요.

결국 신 형사는 비밀을 지켜 주었는데, 그 뒤 3·1운동에 대한 정보를 보고하지 않았다는 이유로 종로 경찰서장 등에게 의심을 받자 만주로 출장을 다녀오겠다며 서울을 떠나 스스로 목숨을 끊었다고 합니다. 하지만 그의 최후에 대해선 여러 가지 소문만 떠돌 뿐이라 나 역시 정확한 것은 모르오.

이대로 변호사 아무튼 신 형사가 그때 비밀을 지켜 주지 않았더라면 3·1운동은 실패했겠군요.

이종일 물론입니다. 「독립 선언서」를 배포하지도 못했을 것이며, 탑골 공원에 모이는 것은 꿈도 꾸지 못했을 것입니다. 지금 생각해 보아도 신 형사가 비록 조선 총독부의 충견 노릇을 했을지언정, 나중에 자기 잘못을 알고 민족을 위해 헌신했다는 게 참으로 고맙고 존경스럽습니다. 처음엔 조국의 독립을 위해 애쓰다가 일제의 압박을 받고 친일파로 변절한 지식인들과 정반대의 경우라고나 할까요.

이대로 변호사 신 형사 사건은 당시 민족 대표들의 사정이 매우 급박했다는 걸 짐작하게 하는군요.

이종일 말도 마세요. 며칠 동안 얼마나 숨 가쁘게 돌아갔는지……. 특히 「독립 선언서」 인쇄 작업이 워낙 긴박하게 이루어진 나머지 약간의 실수도 있었습니다. 예를 들어 선언서 첫 줄에 "오등은 자에 아 조선(朝鮮)의 독립국임과……"라는 문장이 있는데 조선이란 단어를 그만 선조(鮮朝)로 조판했어요. 그걸 인쇄할 때 발견했지만 시간이 없어서 그대로 찍었습니다.

이대로 변호사   그렇게 인쇄를 마친「독립 선언서」는 어떤 방법으로 전국에 배포되었습니까?

이종일   「독립 선언서」는 모두 2만 1000여 장이 인쇄되었습니다. 나는 그날 밤 인쇄를 마친「독립 선언서」를 모두 우리 집으로 옮겨 놓았다가 이튿날인 2월 28일, 여러 종교 단체의 거미줄과 같은 조직망을 이용해 전국으로 배포했습니다.

이대로 변호사   결국 증인을 비롯한 민족 대표들의 활약으로 3·1 운동이 철저히 계획되었고 마침내 역사의 물줄기를 바꿀 수 있었던 것이군요. 말씀 감사합니다.

판사   원고 측 변호인, 반대 신문하세요.

김딴지 변호사가 증인 이종일 곁으로 다가갔다.

김딴지 변호사   무엇보다 증인을 비롯한 민족 대표들이 3·1운동을 준비할 때 시간과 장소 등 처음의 계획을 바꾼 이유가 궁금합니다. 증인은 민족 대표들이 고종 황제의 장례식이 치러질 3월 3일에 만세 운동을 벌이기로 했다가 황제의 장례식을 소란스럽게 해선 안 된다, 일요일엔 교회 예배가 있어서 안 된다는 이유로 집회 날짜를 3월 1일로 앞당겼다고 했습니다. 맞습니까?

이종일   그렇소. 3월 1일 오후 2시에 탑골 공원에서「독립 선언서」를 낭독하기로 계획을 바꿨습니다.

김딴지 변호사   하지만 증인 등은 전날인 2월 28일 모임에서 장소

3·1운동 때 민족 대표들이 모여 「독립 선언서」를 낭독한 태화관

를 태화관으로 바꾸기로 했습니다. 다시 한 번 중요한 계획을 바꾼 것이지요. 더구나 그 일을 밖에 알리지 않아서 시민과 학생들은 아무것도 모른 채 3월 1일에 탑골 공원으로 모여들었지요. 증인은 그 일에 대해 시민과 학생들에게 사과할 뜻은 없습니까?

이종일 　　민족 대표의 한 사람으로서 그 일을 유감스럽게 생각합니다만 일제 경찰의 삼엄한 감시를 피하기 위해 어쩔 수 없는 일이었어요. 군중을 동원하는 것도 중요하지만 비밀을 철저히 지키는 일은 더욱 중요했습니다. 덧붙여 수천 명의 군중이 한자리에 모일 경우 생길지 모르는 폭력 사태를 미리 막으려는 뜻도 있었지요. 민족 대표들의 사정도 이해해 주시기 바랍니다.

김딴지 변호사 　　하지만 그런 말도 민족 대표라는 명성에 걸맞지 않은 옹색한 변명이라 생각합니다. 당시 시민과 학생들은 민족 대표들의 갑작스러운 태도 변화에 크게 실망했습니다. 그런데도 지금까지 많은 사람들이 3·1운동을 민족 대표의 공로라고 여기는 것은 민족 대표의 업적이 지나치게 과장된 까닭이 아닐까요?

이종일 　　그렇다고 민족 대표를 싸잡아서 비난하는 것도 옳지 않습니다.

김딴지 변호사 　　저도 그럴 생각은 없습니다. 이상으로 신문을 마칩니다.

서울에서 전개된
3·1운동

판사　이번엔 1919년 3월 1일부터 시작된 3·1운동이 어떻게 전개되었는지 살펴보겠습니다. 먼저 민족 대표들이 3월 1일에 독립 선언을 한 뒤 체포되기까지의 과정을 피고 측 변호인이 진술하세요.

이대로 변호사　저는 당시 상황을 생생하게 전달하기 위해 피고 손병희 선생에게 질문하겠습니다. 피고를 비롯한 민족 대표들이 태화관으로 장소를 급히 바꾼 이유는 무엇입니까?

손병희　그건 이종일 증인이 이미 밝힌 대로입니다. 한 번 더 정리하자면, 수천 명의 군중이 모일 경우 폭력 사태가 일어날 것을 염려했기 때문입니다.

이대로 변호사　민족 대표들은 1919년 3월 1일 오후 2시에 태화관에서 모임을 갖기로 했습니다. 그런데 그 자리에 참석하지 못한 분

경무 총감부
조선 총독부에 딸린 중앙 기구로
지금의 경찰청에 해당합니다.

손병희   개인 사정으로 참석하지 못한 사람은 길선주, 김병조, 유여대, 정춘수 등 네 명이었습니다. 그래서 민족 대표 33명 중 29명만 태화관에 모여「독립 선언서」를 낭독하게 된 것입니다.

이대로 변호사   당시 사정을 자세히 말씀해 주시겠습니까?

손병희   우리는 그날이 민족의 운명을 결정할 매우 중요한 순간이라는 것을 알고 있었기에 매우 신중하고 엄숙한 태도로 태화관에 모여들었습니다. 당초 오후 2시에「독립 선언서」를 낭독하려고 했는데 늦게 도착한 사람들이 있어서 오후 3시가 다 되어서야 한용운 스님이「독립 선언서」를 낭독했어요. 곧이어 다 함께 "대한 독립 만세!"라고 외치며 만세 삼창을 했습니다.

이대로 변호사   그때 종로 경찰서에 연락한 것입니까?

손병희   종로 경찰서가 아니라 그 위에 있는 경무 총감부에 연락했습니다. 우리는 태화관의 안순환 사장을 불러, 우리가 만세 운동을 준비해 태화관에서「독립 선언서」를 발표할 것이니 경무 총감에게 연락해 달라고 했어요. 안 사장은 어리둥절해하면서 전화기를 들었지요.「독립 선언서」낭독이 끝난 건 오후 4시쯤인데, 일본 경찰 60여 명이 출동해 태화관을 물샐틈없이 포위했고, 우리가 만세 삼창을 할 때 안으로 들이닥쳐 모두 체포했어요.

이대로 변호사   결국 민족 대표들은 처음 정한 방향대로 평화적인 방법으로 독립을 선언하고 떳떳하게 체포되어 시민과 학생들의 안

전을 지켜 주었군요.

손병희   그렇습니다. 우리처럼 독립을 선언하고 스스로 구속된 사람들은 역사적으로 전무후무하지 않을까 합니다.

김딴지 변호사   역사적으로 전무후무한 일을 하셔서 자랑스러우시겠어요.

이대로 변호사   원고 측 변호인은 피고의 인격을 모독하는 발언을 삼가세요.

김딴지 변호사   내 말을 인격 모독으로 여기셨다니 이상하군요. 도둑이 제 발 저린 격인가요?

이대로 변호사　판사님, 원고 측 변호인에게 주의를 줄 것을 요구합니다.

판사　원고 측 변호인, 피고에게 질문할 게 있습니까?

김딴지 변호사　네, 물론입니다.

판사　그럼 신문을 하되 방금 전처럼 불필요한 말로 감정을 자극해서는 안 됩니다.

김딴지 변호사　신문할 기회를 주셔서 감사합니다. 지금까지 밝혀진 피고의 진술을 정리해 보면 매우 단순합니다. 다시 말해, 민족 대표들은 태화관이란 요릿집에 모여 자기들끼리 「독립 선언서」를 낭독하고 스스로 체포된 것밖에는 한 일이 없습니다. 그런데도 지금까지 존경받고 있다니 신기하군요. 피고, 그렇지 않습니까?

손병희　그 질문에 답변하는 대신 한 가지 묻겠소. 원고 측 변호인의 주장처럼 우리가 한 일이 별것이 아니었다면 일제 경찰은 왜 우리 민족 대표를 모조리 체포했겠습니까?

김딴지 변호사　참으로 어이없는 질문입니다. 저도 민족 대표들이 구속되어 재판을 받았으며 길게는 3년 형, 짧게는 1년 6개월 형 또는 무죄를 선고받았다는 걸 알고 있습니다. 하지만 민족 대표들 중 일제 경찰에게 학살당한 분이 한 분이라도 있나요? 학살은 그렇다 치고, 하다못해 시위 군중을 이끌다가 부상이라도 당한 분이 있습니까?

손병희　그건…….

김딴지 변호사　민족 대표들은 감옥 생활 정도로 수난을 겪었지만, 일반 시민과 학생들은 수만 명이 부상당했고 수만 명이 옥에 갇혔으며 학살당한 사람만 7500명이 넘습니다. 이런 사실만 보아도 민족 대표가 3·1운동을 준비했다는 이유로 지금처럼 존경받고 있는 것은 분에 넘치는 일입니다.

손병희　하지만 민족 대표가 불을 댕기지 않았으면 3·1운동은 있을 수 없었다는 사실도 알아야 합니다.

김딴지 변호사　좋습니다. 그럼 태화관에서 있었던 또 다른 일에 대해 질문하겠습니다. 그날 예정되었던 오후 2시가 지나서까지 민족 대표들이 탑골 공원에 나타나지 않자 5000여 명의 시민과 학생들은 매우 궁금하게 여겼습니다. 특히 학생 대표들은 민족 대표가 약속을 어긴 것을 알고는 배신감과 분노를 느꼈지요. 그리하여 학생 대표들 중 원고인 강기덕과 김원벽, 한위건 세 사람이 민족 대표들을 찾아 나섰고, 얼마 후 탑골 공원에서 300미터쯤 떨어진 태화관에 민족 대표들이 모여 있는 것을 발견했습니다. 그렇지 않습니까?

손병희　그랬던 것 같습니다.

김딴지 변호사　그때 학생 대표들이 사정을 했습니다. "저희는 선생님들이 이곳에 따로 모인 이유를 이해하지 못하겠습니다. 지금 5000여 명의 군중이 탑골 공원에 모여 있으니 함께 그곳으로 가 주십시오." 그러자 민족 대표들은 비겁한 변명을 늘어놓았습니다. "그것은 곤란하네. 만약 우리가 그곳으로 간다면 사람들이 흥분해 폭동이 일어날지 모르기 때문일세. 우린 이번 만세 운동을 어디까지나 평화적으로 추진하기로 했네. 그래야만 서양 강대국들이 우리 민족의 독립을 도와줄 것이네. 만약 우리가 독립을 요구하면서 폭력을 쓴다면

요인
중요한 자리에 있는 사람. 또는
윗자리에 있는 사람을 말합니다.

어떤 나라도 우리 민족을 도우려고 하지 않을 거야." 이렇게 말했던 것입니다. 하지만 이와 같은 민족 대표의 주장이야말로 그들이 국제 정세에 깜깜했다는 것을 드러내고 있습니다.

판사　그건 무슨 뜻입니까?

김딴지 변호사　당시 민족 대표들이나 해외의 일부 애국지사들은 윌슨의 민족 자결주의만 믿고 외교적인 방법으로 독립을 얻으려고 했습니다. 하지만 우리 민족의 사정은 민족 자결주의와 아무 관계가 없었다는 건 앞에서 말한 바와 같으며, 어떤 강대국도 한국의 독립에 관심을 가지지 않았습니다. 우리가 서양 강대국의 관심을 끌기 위해선 안중근 의사처럼 일제 요인을 암살하거나 독립군들처럼 일본군과 치열하게 싸워야 했어요.

판사　그건 지나치게 폭력적인 방법이 아닐까요?

김딴지 변호사　폭력적이라 해도 그게 최선이었습니다. 그래서 3·1운동 이후 성립된 대한민국 임시 정부도 처음엔 국제 외교를 통한 독립을 추구하다가 한계가 있다는 것을 깨닫고 방침을 바꿨지요. 1920년에 대한민국 임시 정부가 독립군을 지원해 ▶봉오동 대첩과 ▶▶청산리 대첩을 거둘 수 있었던 것도, 1919년 말에 국제 외교와 함께 무력 투쟁을 펼치기로 결정했기 때문입니다.

　그런가 하면 몇 해 뒤에는 ▶▶▶약산 김원봉을 중심으로 '의열단'이라는 단체가 조직되어 조선 총독부 등 일제의

교과서에는

▶ 일본군은 독립군의 활동을 막기 위해 봉오동을 습격해 오고, 홍범도가 이끄는 대한 독립군에게 크게 패하게 됩니다.

▶▶ 김좌진이 이끄는 북로 군정서를 비롯한 여러 독립군은 청산리 일대에서 일본군을 맞아 용감히 싸웠고 일본군을 크게 물리칩니다.

▶▶▶ 의열단은 1920년대에 국내와 상하이를 중심으로 활동하였으며, 조선 총독부나 종로 경찰서에 폭탄을 던지는 일 등을 했습니다.

권력 기관을 폭파하거나 요인 암살 등의 활동을 벌였습니다. 그 결과 그 무렵 우리 국민들 사이에서는 '대한민국 임시 정부는 몰라도 의열단은 안다'는 말이 유행했으며, 일본 경찰들은 의열단이란 이름만 듣고도 두려움에 떨었다고 합니다.

그 뒤에는 ▶백범 김구가 한인 애국단을 조직해 이봉창, 윤봉길이 각각 의거를 일으켰지요. 이 밖에도 독립군이 중국 국민당이나 공산당과 연합해 일본군과 전투를 치렀던 사례는 헤아릴 수 없이 많았습니다. 한마디로, 3·1운동 후 해방될 때까지 해외에서 일어난 독립운동은 거의 모두 무력 투쟁이었어요. 이는 외교적인 방법이나 평화적인 방법으로는 자주독립을 이룰 수 없다고 보았기에 일어난 일입니다.

판사　듣고 보니 원고 측 변호인의 주장에도 일리가 있군요. 역사에 깜깜한 줄 알았는데 제법이군요.

김딴지 변호사　이번 재판을 위해 제가 수많은 연구 자료를 읽었습니다. 아무튼 민족 대표가 자꾸 비겁한 변명을 늘어놓자 학생 대표들은 다시 한 번 호소했어요. "민족 대표가 없는 만세 운동은 선장이 없는 배와 같습니다. 더구나 만세 운동을 이끌 지도자가 없으면 선생님들이 염려하는 것처럼 진짜 폭동이 일어날지도 모릅니다. 이런데도 대다수 군중을 외면하시겠습니까?" 이렇게 말했음에도 민족 대표들은 끝내 외면하고 자기들끼리만 독립 선언을 한 뒤 체포되었던 것이죠.

손병희　그렇다고 민족 대표를 죄인처럼 취급하는 것은

교과서에는

▶ 김구가 이끈 한인 애국단의 이봉창은 일본 국왕의 마차에 폭탄을 던졌고, 윤봉길은 일본군에게 폭탄을 던졌습니다.

옳지 않아요. 아까 말한 것처럼, 우리가 아니었다면 3·1운동은 아예 일어나지도 않았을 겁니다. 안 그래요?

김딴지 변호사 계속 같은 주장만 하시는군요. 저는 피고의 주장을 반박할 수 있는 자료를 얼마든지 가지고 있습니다. 한번 그 점에 대해 따져 볼까요?

판사 그럴 시간은 없으니, 탑골 공원에 모였던 시민과 학생들이 어떻게 만세 운동을 펼쳤는지 말해 보세요.

김딴지 변호사 서울의 학생과 시민들은 3월 1일 오후 2시에 탑골 공원에서 만세 운동이 열릴 것이라는 소식을 비밀리에 듣게 되었습니다. 지금 불리고 있는 〈삼일절 노래〉 가사에는 "기미년 삼월 일일 정오"라고 되어 있지만 이것은 작사자인 정인보 선생이 집회 시간을 잘못 알았기 때문이고, 본래 예정된 시간은 오후 2시였다고 합니다. 아무튼 천도교당이나 교회를 통해 이 집회 소식을 듣게 된 시민들은 전날 저녁부터 잠을 설치며 3월 1일이 밝기를 기다렸지요.

이윽고 3월 1일 토요일 아침이 되자 사람들이 하나둘 탑골 공원에 모여들었고, 각 학교에서 수업을 마친 학생들도 저마다 탑골 공원으로 향했습니다. 정오가 지났을 때 탑골 공원은 발 디딜 틈이 없을 정도였는데, 그 인원이 5000명이 넘었을 것으로 추측되고 있습니다. 이 집회를 앞두고 전날 밤늦게까지 작은 태극기를 손수 제작해 그것을 나눠 준 사람들도 있었어요. 한편 보성사에서 인쇄한 「독립 선언서」 중 약 1500장이 원고 강기덕 등 학생 대표들을 통해 탑골 공원의 군중에게 전해졌습니다.

판사 점점 재미있어지는군요. 계속하세요.

김딴지 변호사 그때의 사정을 좀 더 생생하게 듣기 위해 원고 강기덕 선생께 질문하겠습니다. 그때 탑골 공원에 모인 사람들은 어떻게 만세 운동을 시작한 것입니까?

드디어 원고 강기덕이 증언을 시작하였다.

강기덕 우리 학생들은 그날 정오가 되기 전에 탑골 공원에 도착했습니다. 그날 탑골 공원은 말 그대로 인산인해였으며, 모든 이들이 우리 민족의 힘으로 독립할 기회가 왔다며 큰 기대를 하고 있었지요. 학생 대표였던 나도 마찬가지였고요. 그런데 예정되었던 오후 2시가 훨씬 지났는데도 민족 대표 33인 중 아무도 탑골 공원에 나타나지 않은 거예요. 군중들은 웬일이냐며 불안해했고 차츰 중심을 잃은 것처럼 우왕좌왕했습니다.

김딴지 변호사 　그래서 학생 대표들이 나섰던 것이군요.

강기덕 　그렇습니다. 민족 대표 33인은 종교적으로나 문화적으로 민중의 존경을 받던 지도자였습니다. 그들이 정치가도 아니고 전직 대신들도 아니었기에 더욱 깊이 신뢰했을 것입니다. 그런데 ▶탑골 공원 대신 태화관에 모였다는 것을 알게 된 순간 우리 학생들은 깊은 충격과 분노를 느꼈으며, 뒤늦게라도 그들을 모셔 오기로 뜻을 모았지요.

김딴지 변호사 　결국 원고를 비롯해 세 사람이 태화관으로 달려갔지만 민족 대표들에게 거절당한 것이군요.

강기덕 　그때 우리가 맛보아야 했던 배신감이란 이루 말할 수 없었어요. 그럼에도 우리 시민과 학생들은 해산하지 않고 스스로 만세 운동을 펼쳐 나가기로 했습니다. 그 결과 학생 대표들의 주도로 역사적인 3·1운동이 시작된 것입니다.

김딴지 변호사 　그날 「독립 선언서」를 낭독한 정재용 선생과는 어떤 관계였습니까?

강기덕   정재용은 1886년에 황해도 해주에서 태어난 분으로 나와 동갑내기입니다. 3·1운동 무렵엔 이미 서울의 경신 중학교를 졸업한 뒤였으니 엄밀하게 말하면 학생은 아니었지요. 따라서 우리 학생 대표들과는 잘 모르는 사이였어요.

김딴지 변호사   그러고 보니 원고는 3·1운동 때 서른세 살이었으니 늦은 나이에 학교를 다니셨군요.

강기덕   지금 기준으로 따지면 늦은 편이지만, 그땐 서른 살, 마흔 살이 지나서 학교에 다니는 게 이상하지 않았습니다. 배움에 나이가 따로 있습니까? 늙어서도 배울 게 있으면 열심히 배워야지요.

김딴지 변호사   옳은 말씀이십니다. 아무튼 원고는 정재용 선생을 잘 몰랐으니 그분이 「독립 선언서」를 낭독한 이유도 모르시겠군요.

강기덕   우리 학생들은 혼란에 빠진 군중에게 민족 대표들이 태화관에 따로 모여 있다는 사정을 설명했습니다. 곳곳에서 탄식이 흘러나왔고 민족 대표를 비난하는 목소리도 들렸지요. 그때 정재용 선생이 갑자기 연단으로 뛰어 올라가 우렁찬 목소리로 사람들에게 호소했습니다. "여러분, 저는 오늘 이 자리에서 만세 운동이 일어날 것이란 소식을 듣고 여러분들처럼 벅찬 기대를 안고 참석했습니다. 지금 민족 대표들이 나타나지 않고 있으니 제가 그분들 대신 「독립 선언서」를 낭독하겠습니다. 낭독이 끝나면 여러분은 저를 따라 '대한 독립 만세!' 하고 만세 삼창을 외쳐 주시기 바랍니다." 그러자 사람들이 숨을 죽이고 정재용의 「독립 선언서」 낭독에 귀를 기울였지요.

김딴지 변호사   결국 정재용 선생의 선창에 따라 만세 삼창이 이어졌겠군요.

강기덕　「독립 선언서」를 낭독하는 데 모두 20분 정도 걸렸습니다. 정재용 선생이 우렁차면서도 또렷한 목소리로 「독립 선언서」를 낭독해 나가자 사람들은 숙연한 표정이 되었습니다. 그리고 ▶만세 삼창을 할 때는 서울 시내가 떠나갈 듯했지요.

김딴지 변호사　그 뒤 시민과 학생들은 어떻게 했습니까?

강기덕　사람들은 벅찬 감격을 이기지 못하고 탑골 공원을 나가 광화문 쪽으로 거리 행진을 시작했습니다. 우리가 태극기를 흔들며 '독립 만세'를 외치자, 만세 운동 소식을 모르던 일반 시민들과 마침 고종 황제의 장례식에 참석하려고 서울로 올라왔던 전국 각지의 사람들도 그 행렬에 끼어들었습니다. 그래서 시간이 지날수록 ▶▶만세 행렬은 눈덩이처럼 불어났어요. 그렇게 되자 우리는 여덟 개의 무리로 나뉘어 광화문을 비롯한 서울 시내 전 지역에서 만세 운동을 벌이기로 했습니다. 한 무리는 종로에서 광화문 거리를 지나 서울역 쪽으로 향하고, 다른 한 무리는 대한문 앞에서 출발해 구리개(을지로)로 향하며, 다른 무리는 진고개(충무로)로 향하는 식이었습니다. 특히 지금의 세종로인 육조거리에는 가장 많은 인파가 모여 목청껏 만세를 불렀어요.

김딴지 변호사　그때 민족 대표들이 우려했던 것처럼 폭력 사태가 있었습니까?

강기덕　그날 밤이 늦도록 만세 운동을 했지만 그런 불상사는 일어나지 않았습니다. 군중들이 "대한 독립 만세",

"일본군과 일본인은 일본으로 돌아가라", "대한의 독립 정부를 수립하라" 등의 구호를 외치자 당황한 일제 경찰과 헌병이 칼을 휘두르며 군중들을 해산시키려 했지만, 사람들은 조금도 겁먹지 않고 평화적으로 시위를 벌인 뒤 밤늦게 자진 해산했지요. 이튿날 조선 총독부는 만세 운동에 앞장선 사람들을 찾아내 마구 체포했는데, 그 숫자가 1만여 명에 이르렀어요.

김딴지 변호사　그런 상황만 보아도 사람들을 지키기 위해 스스로 체포되었다고 주장하는 민족 대표들의 주장이 옹졸한 변명이었다는 게 드러납니다. 만약 민족 대표들이 군중을 이끌었다면 그렇게 많은 사람들이 체포되지 않았겠지요?

강기덕　우리가 자발적으로 벌인 만세 운동도 평화롭게 이루어졌으니, 민족 대표들이 지도했다면 더욱 평화롭고 효과적으로 진행되었을 것입니다. 특히 그분들이 종교 지도자였으니 일제 경찰이 우리 시민과 학생들을 함부로 체포하지 못했을 거예요.

김딴지 변호사　원고는 제2차 만세 시위를 주도하다가 체포되었지요?

강기덕　그렇습니다. 3월 1일에는 서울뿐만 평양, 의주, 함흥, 원산 등 북녘 지역에서도 거의 동시에 만세 시위가 일어났어요. 북녘에서 3·1운동이 이렇게 신속하게 시작된 것은 그 지역의 교회를 중심으로 기독교 **교세**가 강했기 때문이지요. 또 민족 대표 33인 중 기독교 지도자들 대부분이 북녘에서 선교 활동을 벌이고 있어서 그 영향을 많이 받기도 했고요.

교세
어떤 종교의 형세 또는 세력을 말합니다.

3월 3일에는 고종의 장례식에 참여하기 위해 전국에서 약 50만 명의 국민들이 서울로 모여들었는데, 이들이 장례식이 끝난 뒤 자연스럽게 만세를 부르며 시위를 벌였어요. 또한 각자 고향으로 내려가 서울에서 대대적으로 만세 운동이 일어났다고 알림으로써 전국 각지에서 만세 운동이 일어나게 하는 역할을 했지요. 다만 3월 3일의 만세 운동은 조직적으로 이루어진 것은 아니었습니다.

제2차 만세 시위는 3월 5일, 서울역 앞에서 조직적으로 벌이기로 했습니다. 우리는 3월 1일의 경험을 살려 더욱 치밀하고 조직적으로 군중을 이끌기로 하고 계획을 짰어요. 그 결과 수만 명의 군중이 그날 서울역 앞으로 모였습니다. 그때는 시민과 학생들의 힘만으로 만세 운동이 전개되었고, 이는 결국 전 민족의 독립운동으로 발전했습니다.

김딴지 변호사 　그런 점에서 3·1운동은 민족 대표가 아닌 일반 민중의 자발적인 참여로 이루어진 운동이라고 볼 수 있겠군요?

강기덕 　옳습니다.

김딴지 변호사 　서울에서 열린 제2차 만세 운동 때부터 조선 총독부가 본격적으로 탄압하기 시작했다고 하는데, 왜 그렇게 된 것입니까?

강기덕 　정확한 사정이야 모르지만, 만세 운동을 더 이상 내버려 두었다간 조선 총독부 체제가 위험해지겠다 싶어 무차별 사격을 한 게 아닌가 생각합니다.

김딴지 변호사 　3월 5일의 서울역 시위 때 일제가 어떤 식으로 탄압했습니까?

강기덕　　　무장한 경찰들이 갑자기 시위 군중을 가로막더니 닥치는
대로 몽둥이를 휘둘렀어요. 모든 집회와 시위가 금지되었으니 당장
해산하라고 위협했지요. 그럼에도 ▶사람들이 물러서지 않
고 만세를 부르자 무차별 사격을 시작했고 때로는 총검으
로 찔러 죽였어요.

김딴지 변호사　　　그렇군요.

이대로 변호사　　　판사님, 원고의 주장은 사실과 다릅니다.
저는 당시 종로 경찰서에서 근무했던 와타나베 형사를 증

교과서에는

▶ 일제의 헌병·경찰은 만
세 시위의 주동자를 체포
하고 무차별 사격을 하는
등 무자비한 탄압을 가했
습니다.

인으로 신청합니다.

판사   군이 일본인 형사를 증인으로 부르는 이유는 무엇입니까?

이대로 변호사   3 · 1운동 때 민족 대표들이 시민과 학생들에게 끼친 영향을 알아보기 위해서입니다.

판사   과연 피고 측 변호인이 원하는 증언이 나올지 궁금하군요. 와타나베 씨는 증인석으로 나와 선서해 주세요.

눈매가 날카로운 와타나베 형사가 법정 안으로 들어와 증인석에 올랐다.

이대로 변호사   증인은 어떻게 종로 경찰서에 몸담게 되었습니까?

와타나베   나는 한일병합이 되었던 1910년경에 일본 오사카에서 순경 시험에 합격해서 경찰관으로 일하게 되었어요. 그 뒤 1915년에 서울 종로 경찰서로 발령받아 조선에 왔고요.

이대로 변호사   그렇다면 4년 정도 서울에 머물렀을 때 3 · 1운동이 일어났으니 한국인들의 성향이나 동태를 잘 알았겠군요.

와타나베   물론입니다. 당시 조선인들은 아무 생각 없이 움직이는 로봇처럼 보였어요.

이대로 변호사   지난번에는 증인과 함께 근무했던 신승희 형사에 대한 이야기가 나왔습니다. 신 형사가 3 · 1운동이 일어날 거라는 낌새를 알아채고 「독립 선언서」를 인쇄하고 있던 보성사에 들이닥쳤다던

데, 증인은 3·1운동에 대한 정보를 미리 알지 못했습니까?

와타나베   신 형사는 조선인이었지만 일본인 형사들보다 훨씬 부지런히 정보를 수집했고 조선인들 사이에선 악명이 높았어요. 그렇다 보니 우리가 그를 부러워할 때가 많았지요. 우리가 잘 모르는 비밀 정보가 많아서 윗분들의 신임을 얻었거든요. 하지만 그는 3·1운동에 관한 정보를 자기 상관이나 종로 경찰서장에게 미리 보고하지 않았어요. 그래서 신 형사가 3·1운동에 관해 미리 알았다는 걸 우리 동료들이 눈치챈 것은 3·1운동이 시작된 지 석 달쯤 지난 뒤였지요.

이대로 변호사   그렇다면 종로 경찰서장이나 경무 총감, 조선 총독은 3·1운동이 일어날 때까지 아무것도 눈치채지 못했습니까?

와타나베   그땐 고종의 장례식을 앞두고 있어서 우리 경찰과 헌병은 온통 그 일에만 신경을 곤두세웠어요. 그런 데다 민족 대표라는 사람들이 워낙 철저히 비밀을 지켰기에 만세 운동이 일어날 거라고는 조금도 예측하지 못했지요. 다만 조선인들 사이에 고종이 독살되었을지 모른다는 소문이 퍼져 있었으므로 장례식 때 약간의 저항이 있을 거라고 예상했어요. 하지만 당시 조선인들은 일본에 순종적인 편이라……

와타나베가 미처 말을 맺기도 전에 김딴지 변호사가 나섰다.

김딴지 변호사   증인, 그게 무슨 **망발**입니까? 아간 조선인들이 로

망발

망령이나 실수로 그릇된 말이나 행동을 하는 것, 또는 그 말이나 행동을 가리킵니다.

봇처럼 보였다더니 이번엔 일본의 통치에 순종적이었다고요?

와타나베　한일병합이 된 후 조선인들이 이렇다 하게 저항하지 않았기에 로봇처럼 보였다거나 순종적이었다고 말한 것입니다. 그러니 망발이라고까지 할 건 없어요.

이대로 변호사　원고 측 변호인은 함부로 끼어들지 마세요. 지금은 내가 신문하는 중입니다.

판사　피고 측 변호인, 계속하세요.

이대로 변호사　감사합니다. 조선의 민족 대표들이 「독립 선언서」

를 발표한 뒤 스스로 경무 총감에게 연락했을 때 증인은 어떻게 했습니까?

와타나베　태화관 사장의 연락을 받고는 이건 대체 무슨 경우인가 싶었습니다. 당시 종로 경찰서와 태화관은 멀지 않은 곳에 있었지만, 서른 명이 넘는 민족 대표들을 체포하려면 많은 인력이 필요했어요. 그래서 급히 60여 명의 경찰과 헌병들을 동원해 태화관으로 달려간 뒤 태화관을 물샐틈없이 포위했지요. 바로 그때 민족 대표들이 만세 삼창을 하는 소리가 들리더군요. 우린 안으로 들어가 그들을 포승줄로 묶어 밖으로 끌어내려고 했습니다. 그때 손병희 씨가 "이놈들! 우리가 자진해서 재판을 받고 감옥으로 갈 것인데 무슨 포승줄이냐? 어서 우리를 호위해라"라고 소리치더군요.

이대로 변호사　그때 증인은 무슨 생각을 했습니까?

와타나베　참 별일이 다 있구나 싶었어요. 죄인이 자수를 하는 경우가 가끔 있긴 하지만 그렇게 당당한 죄인들은 처음 보았기 때문이지요. 한편으로는 과연 조선의 민족 대표답구나 하는 생각도 들었습니다. 그들은 모두 평화를 사랑하는 종교 지도자이며 지식인이었으니 그처럼 점잖았을 겁니다.

이대로 변호사　증인의 말대로라면 민족 대표들에겐 이렇다 할 죄가 없는 게 아닐까요? 그런데도 그분들이 모두 구속된 이유는 뭡니까?

와타나베　물론 그들이 평화적인 방법으로 독립을 선언한 것은 큰 죄가 아닐 수도 있어요. 하지만 그때 조선 총독부는 조선인들의 집회나 결사, 시위를 엄격하게 금지하고 있었어요. 더구나 그들이 발

표한 내용이 조선의 독립을 요구한 것이니, 이는 우리 일본 정부로서는 도저히 용서할 수 없는 반역이라 할 수 있지요. 따라서 그들이 자진해서 신고했더라도 구속해서 죄를 물어야 했어요.

이대로 변호사　　증인은 구속된 민족 대표들이 3·1운동 전체에 어떤 영향을 주었다고 판단합니까?

와타나베　　만약 그들이 독립을 주장하는 대규모 집회를 계획하지 않았다면 3·1운동과 같은 역사적인 사건은 일어나지 않았을 것입니다. 따라서 그들은 비록 옥에 갇혀 있었지만 3·1운동을 실제로 이끌었다고 볼 수 있으며, 그 뒤 몇 달 동안 계속되었던 만세 운동에 매우 큰 영향을 주었다고 생각해요.

이대로 변호사   솔직하게 답변해 주서서 감사합니다.

판사   이번엔 원고 측 변호인이 반대 신문하세요.

김딴지 변호사   증인은 조선인들이 순종적이었다고 말했는데, 그처럼 순종적인 사람들이 3·1운동을 준비하는 것도 몰랐군요.

와타나베   그때는 고종 황제의 장례식에 신경을 집중하느라 눈치채지 못한 것이오.

김딴지 변호사   증인은 순종적인 시민과 학생들이 3·1운동을 주도한 이유가 무엇이라고 생각합니까?

와타나베   그거야 민족 대표들이 그 운동을 계획하고 이끌었기 때문이지요. 그리고 김 변호사는 자꾸만 순종적이란 내 말을 꼬투리잡는데, 그건 3·1운동 이전까지 조선인들에게서 받았던 인상을 말한 것입니다. 하지만 나 역시 3·1운동을 지켜보면서 조선인들이 결코 순종적이지 않다는 것을 깨달았으니 그만 좀 하세요.

김딴지 변호사   어이가 없군요. 증인으로 나온 분이 변호사에게 명령조로 말하는 경우는 처음 봅니다. 증인은 일본인 형사로서 3·1운동에 앞장선 사람들을 몇 명이나 학살했습니까?

와타나베   그것은 잘 기억나지도 않고 만약 기억난다 해도 답변할 수가 없습니다.

김딴지 변호사   왜 답변을 거부하겠다는 겁니까?

와타나베   나는 증인 신분으로 이 자리에 있는 것이지 살인죄로 기소당한 피고가 아닙니다. 더구나 3·1운동 당시에 나는 상관의 명령을 거부할 수 없었으니, 내게 조선인을 탄압한 책임을 묻지 마시기 바랍니다.

김딴지 변호사   교묘하게 회피하시는군요. 그렇다면 증인은 조선 총독부가 3·1운동이 처음 일어났을 때는 가만히 있다가 3월 5일부터 무차별 사격 등으로 탄압한 이유가 뭐라고 생각합니까?

와타나베   3월 1일부터 서울과 북녘에서 시작된 만세 운동은 우리 경찰과 헌병들이 미처 손을 쓰지 못할 만큼 빠르게 전국 각 지역으로 퍼져 나갔습니다. 그래서 조선 총독께선 경무 총감에게 만세를 부르는 자들에 대해 엄중하게 경고하고 만약 그 경고마저 무시하면 법에 따라 처벌하라고 했습니다.

김딴지 변호사   법에 따라 처벌한 결과가 무차별 학살이란 말입니까?

와타나베   그게 처음부터 그렇게 하려던 것은 아니었어요. 당시 경무 총감은 조선 총독의 명을 받고 경고 담화문을 인쇄해 전국 각지에 붙였습니다. 그 후 3월 5일, 서울에서 제2차 만세 운동이 있을 때 우리 경찰은 경고를 무시한 주동자 수십 명을 체포했어요. 그런데 하세가와 총독이 그 보고를 받고는 노발대발한 거예요. 하세가와 총독은 겨우 수십 명을 체포해 가지고 만세 운동을 어떻게 막겠느냐면서, 대대적인 체포 작전을 펼치고 그래도 안 되면 현장에서 사살하라고 명령을 내렸지요.

김딴지 변호사   그러니까 조선 총독이 무차별 학살을 명령한 최고 책임자였습니까?

와타나베   당시는 무단 통치 시기였기에 조선인의 집회와 시위를 매우 엄하게 다스리고 있었어요. 그렇게 하지 않으면 조선을 지배하기가 어려웠기 때문이지요. 하물며 조선의 독립을 요구하는 만세 운동에다 수천에서 수만에 이르는 조선인들이 한자리에 모이는 것을 용납한다는 건 있을 수 없는 일이었어요. 따라서 조선 총독이 사격 명령을 내린 것은 당연한 조치였지요.

김딴지 변호사 ▶내가 가진 자료에 따르면 당시 한국인 중 학살당한 사람은 7500명이 넘고, 부상자는 1만 6000명, 체포된 사람은 4만 7000명에 이른다고 합니다. 증인은 이처럼 많은 한국인이 희생된 것에 대해 어떻게 생각하십니까?

와타나베 그 점에 대해선 유감스럽게 여기지만, 당시 우리 형사들로서는 상부의 명령을 따를 수밖에 없는 사정이 있었습니다. 만약 일본과 조선의 입장이 바뀌어 일본이 조선의 식민 통치를 받았다면 일본인들도 그처럼 거세게 저항했을 것이며, 조선인 경찰들이 일본인들을 마구 사살하지 않았을까 생각합니다.

김딴지 변호사 착각하지 마세요. 우리는 한 번도 다른 민족을 정복하려는 야욕이 없었어요. 만약 일본을 강제로 지배했다 해도 무단 통치는 하지 않았을 것입니다.

이대로 변호사 이의 있습니다. 원고 측 변호인은 주제에서 벗어난 발언을 하고 있습니다.

판사 인정합니다.

김딴지 변호사 이상으로 반대 신문을 마칩니다.

교과서에는

▶ 3·1운동이 시작된 후 3개월간 전국에서 1500회 이상의 시위에 약 200만 명이 참가한 것으로 보입니다. 그중 일제에 살해당한 사람이 7500여 명, 부상자가 약 1만 6000명, 잡혀간 사람이 약 4만7000명이나 되었고, 교회 47개소, 학교 2개교, 민가 715채가 불에 탔어요.

일제의 무단 통치

일제 강점기는 크게 무단 통치, 문화 통치, 민족 말살 통치의 3단계로 나뉩니다. 이 중 무단 통치란 일제가 무력을 앞세워 한국인들을 극도로 억압했던 시기를 가리킵니다. 무단 통치는 다른 말로 헌병 경찰 통치라고도 하는데, 일제가 헌병과 경찰을 하나의 조직으로 통합해 한국인을 무력으로 지배했던 것이지요.

조선 총독은 한반도의 행정과 군사, 입법, 사법 등 모든 분야를 지배하는 막강한 권력자였으며 헌병과 경찰이 그 힘을 뒷받침했습니다. 따라서 누군가가 조선 총독의 지배에 저항하면 헌병이나 경찰의 엄청난 폭력에 시달려야 했지요. 일제는 한일 강제 병합 후 2개의 보병 사단과 4만여 명의 헌병·경찰, 2만여 명의 헌병 보조원을 한반도 곳곳에 배치하여 한민족을 철저히 감시했습니다. 초대 조선 총독인 데라우치 마사타케는 이런 헌병 경찰의 힘으로 한반도를 통치했으며, 2대 조선 총독인 하세가와 요시미치도 데라우치 마사타케의 무단 통치를 고스란히 이어받았습니다. 조선 총독들은 한국인들의 독립운동뿐만 아니라 집회·결사의 자유를 막고 철저히 감시해 탄압했지요. 한글로 된 신문을 폐간했고, 심지어 학교에서조차 모든 교사들에게 제복을 입고 칼을 차게 만들어 살벌한 공포감을 느끼게 했습니다. 지금도 그 일은 무단 통치를 상징하는 사건으로 알려지고 있습니다.

일제는 조선 총독부 관리를 비롯해 각 도지사와 지방 행정 기관의 간부를 모두 일본인으로 임명했으며, 일부 친일파 한국인에게는 보좌 역이나 참여관

등을 맡겨 한국인을 억압하게 했습니다. 또한 헌병과 경찰은 본래 업무 외에
도 입법, 사법, 행정에 따르는 모든 권력과 함께 한국인에 대한 생살여탈권(살
리고 죽이고 주고 빼앗을 수 있는 권리)을 손아귀에 넣었습니다.

한편 일제는 1910년 12월에 회사령을 실시하여 한국인 자본가들이 성장
하는 것을 철저히 억압하는가 하면 광산물과 어장을 약탈하는 등 경제적인 수
탈을 시작했습니다. 교통, 금융, 통신 등 모든 경제 분야를 식민 통치에 맞게
개편하여 경제적으로도 한민족을 지배했습니다. 토지 조사 사업을 벌인다는
핑계로 토지 소유주의 신고 절차를 매우 복잡하게 만들어 정해진 기간 안에
신고하지 못한 사람들의 토지를 빼앗았고, 엉터리 토지 측량으로 농민들의 토
지를 빼앗기도 했습니다. 그런가 하면 대한 제국 정부가 소유하고 있던 토지
중 40퍼센트를 약탈했으며, 농민들이 생산한 쌀을 헐값으로 일본에 팔아넘기
는 바람에 농민들이 식량난에 시달려야 했고 견디다 못해 만주, 옌하이저우
등으로 떠나가야만 했지요.

일제는 무단 통치 정책에 따라 한국인을 마구 억압하다가, 3·1운동 후 무
단 통치의 한계를 깨닫고 문화 통치로 정책을 바꾸었던 것입니다. 문화 통치
는 매우 교활하기는 했지만 무단 통치와는 달리 무작정 억누르지는 않았지요.
그 덕분에 『조선일보』와 『동아일보』 등 민간 신문이 창간되었고, 한글 운동
등 여러 가지 문화 운동이 활발하게 이루어졌습니다. 문화 통치는 3·1운동이
남긴 중요한 영향의 하나로 평가됩니다.

3

국내외에서 들불처럼 타오른
3·1운동

판사 이번엔 3·1운동이 어떻게 전개되었는지 알아보겠습니다. 원고 측 변호인이 먼저 변론하세요.

김딴지 변호사 3·1운동은 1919년 3월 1일에 시작되어 약 1년 동안 국내는 물론이고 일본과 옌하이저우 등 해외에서 일어난 독립운동을 통틀어 일컫는 말입니다. 특히 1919년 3월 1일부터 4월 30일까지 60일간은 만세 운동이 집중적으로 일어난 때로 전국 각지에서 만세 시위가 1214회나 있었지요. 1920년까지 일어난 시위는 모두 1542회에 이르며, 일제의 학살로 7509명이 사망했고 1만 5961명이 부상을 입었습니다. 4만 6948명이 일제 경찰에 체포되었고, 민가 715채, 교회 47개소, 학교 2개교 등이 불에 타거나 헐렸어요.

판사 피해 규모가 매우 컸군요. 그 통계만으로도 일제가 3·1운동을 얼마나 잔인하게 탄압했는지 짐작이 됩니다. 김 변호사, 국내에서 일어난 3·1운동 중에서도 특히 시위 규모가 컸거나 일제가 잔악하게 탄압했던 사건으로는 어떤 것들이 있습니까?

김딴지 변호사 　유관순 열사가 이끌었던 천안 아우내 만세 운동을 비롯해 평안남도 강서군 사천장터 시위, 경상남도 창원에서 일어난 삼진 의거, 경기도 수원 제암리 학살 사건, 평안북도 정주군 곽산 학살 사건, 평안남도 사천 학살 사건, 경기도 수원 화수리 학살 사건, 평안남도 맹산 학살 사건, 대구 학살 사건, 경상남도 합천 학살 사건, 전라북도 남원 학살 사건, 전라북도 익산 이리 장날 만세 운동, 전라북도 군산 3·5 만세 운동 등을 들 수 있습니다.

　대개 만세 운동은 사람들이 많이 모여드는 장날, 넓은 장터에서 일어나곤 했습니다. 예를 들어 익산 이리 장날 만세 운동은 이리 장날인 1919년 4월 4일에 일어났지요. 이날 만세 운동은 군산 영명학교 교사인 문용기가 이끌었습니다. 문용기는 박도현, 장경춘 등과 상의하여 이리 장날에 맞춰 만세 운동을 벌이기로 하고 미리 「독립 선언서」와 태극기를 준비해 두었습니다. 이윽고 4월 4일이 되자 문용기의 지휘에 맞춰 1000여 명의 군중이 태극기를 흔들며 시가행진을 했지요. 그러자 일제는 헌병대뿐만 아니라 소방대와 일본인 농장원 수백 명을 동원해 창검과 총, 곤봉, 쇠갈고리 등을 휘두르며 시위를 진압하려 했어요. 그럼에도 사람들이 굽히지 않고 만세를 부르자 무차별 사격을 가해 수많은 사람들이 목숨을 잃거나 다쳤다고 합니다.

시위를 이끈 문용기는 군중 앞에서 독립운동의 정당성과 일제의 만행을 규탄하는 연설을 했지요. 그때 일본 헌병이 오른팔을 베자 문용기는 왼팔로 태극기를 쥔 채 다시 만세를 불렀어요. 일본 헌병이 그 왼팔마저 베자 문용기는 팔을 베인 채 만세를 외치며 군중을 이끌었습니다. 결국 문용기는 일본 헌병이 휘두른 칼에 수십 군데나 찔려 숨졌는데, 목숨이 끊어지는 순간까지 독립 만세를 외쳤다고 합니다. 이처럼 일제 경찰과 헌병들은 우리 동포를 잔인하게 학살했습니다.

판사　듣기만 해도 끔찍하군요. 해외의 만세 운동 중 대표적인 사건도 말씀해 주시겠습니까?

김딴지 변호사　만주 룽징 지역에서 일어난 만세 운동이 있습니다. 1919년 3월 13일에 일어난 이 시위에는 우리 동포 3만여 명이 참가했어요. 「독립 선언서」를 낭독한 뒤 사람들이 독립 만세를 외치며 시가행진을 벌였는데요, 이때 일제의 압력을 받은 중국 군대가 시위대를 해산시키면서 발포하여 많은 사상자가 생겨났습니다.

판사　일반적으로 3·1운동이라고 하면 가장 먼저 유관순 열사를 떠올리는 분들이 많습니다. 김 변호사가 아우내 장터의 만세 운동과 유관순 열사의 활약에 대해 말씀해 주시겠습니까?

김딴지 변호사　그런 요청이 있을 줄 알고 제가 유관순 열사에게 증언을 부탁해 두었습니다.

이 말에 법정 안이 잠시 소란해졌다. 김딴지 변호사가 이번 재판을 철저하게 준비한 것이 뜻밖인 데다 말로만 듣던 유관순 열사를 직접 보고 생생한 증언을 듣게 되었기 때문이다.

판사　　오, 그렇습니까? 한국의 잔 다르크로 추앙받는 유관순 열사의 증언을 듣다니 영광입니다.

잠시 후, 흰색 저고리에 검은색 치마를 입은 유관순이 법정에 들어섰다.

김딴지 변호사　　유관순 열사님, 오늘 귀한 시간을 내 주셔서 감사합니다. 증인은 1902년 11월, 충청남도 천안군 동면에서 태어나셨지요?

유관순　　그렇습니다. 5남매 중 둘째 딸로 태어났어요.

김딴지 변호사　　증인의 부친이신 유중권 선생은 기독교 신앙이 깊은 분으로 기독교를 통해 계몽 운동에 앞장서고 민족의식을 함양하신 것으로 알고 있습니다만.

유관순　　아버지는 민족 교육 운동을 펼친 계몽 운동가로 명망이 높아서 저도 그 영향을 많이 받았습니다.

김딴지 변호사　　증인은 3·1운동 당시 이화 학당 고등과 2학년에 다니고 있었지요?

유관순　　네. 나는 1918년 봄에 이화 학당 고등과에 들어갔어요. 이화 학당은 1886년(고종 23)에 선교사 스크랜턴이 세운 한국 최초

의 사립 여자 교육 기관이었어요. 나는 공주 영명 여학교를 다니다
가 이화 학당으로 전학했는데, 그 무렵 집안 형편이 어려워져서 장
학생으로 공부하게 되었지요. 내가 이화 학당에 들어갔을 때는 사촌
인 유예도 언니도 상급생으로 있었어요. 나는 사촌언니의 도움으로
금세 선후배 학생들과 친해졌어요. 그래서 참으로 행복한 학교 생활
을 할 수 있었답니다. 그 무렵 나는 잔 다르크처럼 나라를 구하는 소
녀가 되겠다고 다짐했는데 1919년 3월 1일 마침내 기회가 찾아왔던
거예요.

김딴지 변호사   3·1운동 때 대중들의 참여에 불씨를 당긴 것은 학

생들이었다고 봅니다. 증인은 어떻게 3·1운동에 참여하게 되었습니까?

유관순   지금도 그때의 일을 생각하면 가슴이 뛰는군요. 다른 학교와 마찬가지로 우리 이화 학당 학생들도 윌슨의 민족 자결주의, 2·8 독립 선언 소식을 듣고는 독자적으로 독립운동을 벌이기로 했어요. 그러던 중 조선 기독교 청년회(YMCA) 총무인 박희도 선생의 연락을 받고 3월 1일의 만세 운동에 동참하기로 했지요.

나는 특히 2월 28일에 서명학, 김분옥 등 여섯 명의 고등과 학생들과 시위 결사대를 조직하고 이튿날 열리는 탑골 공원 만세 시위에 참가하기로 맹세했습니다. 3월 1일이 되어 우리가 만세 시위하러 학교를 나서려고 하자, 프라이 교장 선생님이 만류했어요. "내가 교장으로 있는 동안 너희들을 내보내 고생시킬 수 없다. 나를 밟고 넘어갈 테면 가라"라고 하시더군요. 그럼에도 우리는 학교를 나와서 수만 명의 시민, 학생들과 함께 서울 시내를 누비며 목청껏 만세를 불렀지요.

김딴지 변호사   그렇군요. 증인은 3월 5일 서울역 앞에서 열렸던 제2차 만세 운동에도 참여하셨지요?

유관순   당연하지요. 그날 시위에는 서울 지역 학생들이 거의 다 모였고, 고종 황제의 장례식에 참석했다가 고향으로 내려가려던 사람들도 동참해 수만 명이 만세를 불렀어요. 그때 학생들은 두 패로 나뉘어 거리 행진을 한 뒤 보신각 앞에서 다시 하나로 모여 "대한 독립 만세!"를 외쳤습니다.

김딴지 변호사   그런데 일제가 이 무렵 대대적인 탄압과 무차별 사살을 시작했으며, 3월 10일에는 중등 학교 이상의 학교에 임시 휴교령을 내렸다는 기록이 있더군요.

유관순   맞아요. 일제는 만세 운동의 본거지로 변한 학교에 휴교령을 내려서 학생들이 모이지 못하게 막았어요. 그래서 나는 사촌 언니 유예도와 함께 고향으로 내려가 만세 운동을 벌이기로 다짐했지요. 우리는 품속에 「독립 선언서」를 숨기고 3월 13일에 천안으로 내려갔어요.

김딴지 변호사   그 뒤 아우내 장터에서의 만세 운동을 준비하셨지요?

왜 3·1운동이 일어났을까?

유관순 　우리는 고향 마을의 어른들을 일일이 찾아다니면서 3·1 운동 소식을 전했어요. 그러면서 "삼천리금수강산이 만세 운동으로 들끓고 있는데 우리 마을만 조용해서야 되겠습니까?" 하고 설득했지요. 그리하여 그분들의 동의를 받고는 대대적인 시위 계획을 짰어요. 아우내 장이 열리는 양력 4월 1일에 만세 운동을 하기로 했는데, 그날이 마침 음력 3월 1일이라 더욱 의미가 컸지요. 아우내 장터는 천안뿐만 아니라 안성, 진천, 청주, 연기, 목천 등 주변 지역 사람들도 많이 찾았는데, 우리는 그 지역의 작은 마을에까지 모두 연락해서 시위에 동참하도록 호소했어요. 다른 한편으로는 사람들에게 나눠 줄 태극기를 만드는 등 치밀하게 준비했습니다.

김딴지 변호사 　아우내 장터의 만세 운동에 동참한 사람들은 몇 명이었습니까?

유관순 　약 3000명 정도로 지방에서 열린 만세 시위로서는 큰 규모였지요.

김딴지 변호사 　증인은 그때 시위 군중들 앞에서 연설을 했다고 하던데 사실인가요?

유관순 　나는 며칠 동안 몰래 준비했던 태극기를 아우내 장터에 모인 사람들에게 나눠 준 뒤 단상에 올라가 목청껏 만세를 외쳐 달라고 호소했어요. 내 말이 끝나자 군중들은 큰 박수와 환호를 보내 주었고, 그 덕분에 일사불란하게 만세 운동을 펼칠 수 있었어요. 우리는 '대한 독립'이라고 쓴 커다란 깃발을 앞세우고 거리 행진을 시작했습니다. 그때 무장한 일제의 경찰이 나타나 해산하라고 명령했

주재소
일제 강점기에 순사가 머무르면
서 사무를 맡아보던 경찰의 말
단 기관입니다.

압송
피고인 또는 죄인을 어느 한 곳
에서 다른 곳으로 호송하는 일
을 말합니다.

는데, 우리가 그 명령을 무시한 채 만세 운동을 벌이자 무차별 사살을 하기 시작했어요.

김딴지 변호사　　　그 일로 증인의 부모님을 비롯한 수십 명이 현장에서 목숨을 잃었고 옥에 갇힌 사람들도 많았지요?

유관순　　일제의 경찰이 마구 총을 쏘아 사람을 죽이자 아버지께서 "왜 사람을 함부로 쏘아 죽이느냐?"고 격렬하게 항의했어요. 그러자 그들이 아버지를 그 자리에서 사살했고, 그에 항의하는 내 어머니마저 죽이고 말았지요. 이처럼 내 부모님을 비롯해 19명이 그날 일제의 총검에 맞아 숨졌고 30명이 크게 부상당했습니다. 나처럼 시위를 이끌다가 구속당한 사람들도 많았어요.

김딴지 변호사　　　증인은 격렬한 법정 투쟁과 옥중 투쟁을 벌인 것으로도 유명한데 특별한 이유가 있었습니까?

유관순　　특별한 이유라기보다 그때의 내 입장을 생각해 보세요. 나는 아우내 장터의 만세 운동을 처음부터 계획했으며 현장에서 부모님을 비롯해 동포 19명이 학살되는 것을 지켜보았어요. 그러니 일제에 대한 원한이 얼마나 크고 깊었겠습니까?

　한꺼번에 부모님을 잃은 나는 더 이상 두려울 게 없었어요. 그날 우리는 주재소로 달려가 격렬하게 항의하며 "우리도 함께 죽여라"라고 했어요. 그러자 일본 헌병들은 다시 우리들을 향해 사격을 시작했지요. 나는 작은아버지인 유중무를 비롯해 조인원, 조병호 등 여러 사람들과 함께 아우내 장터 만세 운동 주동자로 체포되어 천안 헌병대로 압송되었습니다.

그 후 공주 감옥으로 이송되었다가 재판을 받았어요. 이때 나는,
▶ "나는 한국 사람이다. 너희들은 우리 땅에 와서 우리 동포들을 수
없이 죽이고 나의 아버지와 어머니를 죽였으니 죄를 지은 자는 바로
너희들이다. 우리는 너희에게 형벌을 줄 권리가 있지만 너희는 우리
를 재판할 그 어떤 권리도 명분도 없다"라고 하면서 일제
의 재판을 거부했지요. 그럼에도 5월 9일, 징역 3년 형을
받게 되었어요. 나는 이에 불복해서 경성 **복심 법원**에서
다시 재판을 받았지요.

김딴지 변호사　　그럼에도 증인은 징역 3년 형을 선고받았

교과서에는

▶ 유관순은 법정에서 떳떳
하게 항거하였습니다. 이로
인해 유관순은 억울하게도
법정 모욕죄까지 가산되었
습니다.

는데, 재판받을 때 독립 만세를 외치고 일제의 한국 침략을 꾸짖다가 법정 모욕죄가 추가되어 모두 징역 7년 형을 언도받았지요?

유관순　　그렇습니다.

김딴지 변호사　　끝으로 서대문 감옥에 갇혔을 때도 끈질기게 옥중 투쟁을 벌였는데, 그 일에 대해 설명해 주시겠습니까?

유관순　　나는 틈만 있으면 큰 소리로 독립 만세를 외쳤어요. 그러면 형무관이 나를 고문실로 끌고 가서 모질게 고문하고는 했지요. 그런 고문에도 아랑곳없이 나는 옥중 투쟁을 벌였으며, 1920년 3월 1일에는 3·1운동 1주년을 맞아 옥에 갇힌 동지들과 함께 독립 만세를 부르기도 했습니다. 그 일로 나는 다시금 지하 감방에 갇혀 무자비한 고문을 받았고, 그때의 고문 후유증 때문에 같은 해 9월 28일, 열여덟 살로 세상을 떠났어요.

김딴지 변호사　　귀중한 증언을 들려주셔서 감사합니다. 이상 증인 신문을 마칩니다.

판사　　피고 측 변호인, 질문할 게 있습니까?

이대로 변호사　　증인은 '3·1운동의 상징', '한국의 잔 다르크' 등으로 추앙받고 계신데 그런 평가가 정당하다고 생각하십니까?

유관순　　글쎄요. 부당한 평가는 아니라고 생각합니다.

이대로 변호사　　증인은 민족 대표 33인 중 한 분인 박희도 선생으로부터 탑골 공원에서 열릴 만세 시위에 참여하라는 연락을 받으셨다고 했지요?

유관순   그렇습니다.

이대로 변호사   그렇다면 증인 등 학생과 시민들이 탑골 공원에 모인 것은 민족 대표들이 사전에 준비하고 계획한 결과가 아닌가요? 다시 말하면 민족 대표들이 3·1운동 때 매우 중요한 역할을 했다는 뜻입니다. 그렇지 않은가요?

유관순   그건 어느 정도 사실이지만 내 생각은 조금 달라요.

이대로 변호사   어떻게 다르다는 것이죠?

유관순   '민족 대표가 과연 민족의 대표답게 행동했느냐'라고 묻는다면 나는 고개를 저을 겁니다. 각 종교의 지도자들이 민족 대표를 구성한 것은 그 당시로서는 적절한 판단이었지요. 하지만 자기들끼리 「독립 선언서」를 낭독한 뒤 스스로 체포됨에 따라 3·1운동의 구심점이 없어졌어요. 만약 민족 대표들이 끝까지 대중을 이끌며 평화적인 만세 운동을 벌였다면 지금쯤 '구국의 영웅들'로 추앙받지 않았을까요?

이대로 변호사   그래서 증인이 이끌었던 만세 운동과 옥중 투쟁이 더욱 주목받는 게 아닐까요? 그런 점에서 민족 대표들은 증인을 영웅으로 만들어 준 사람들이라고도 할 수 있겠군요.

김딴지 변호사   이의 있습니다. 피고 측 변호인은 증인의 숭고한 업적을 교묘하게 깎아내리고 있습니다.

판사   인정합니다. 피고 측 변호인은 발언에 주의하세요.

이대로 변호사   죄송합니다. 이상 반대 신문을 마칩니다.

구심 운동의 중심점이라는 뜻이며, 중심을 이루는 사람이나 사상, 단체 등을 비유하는 말입니다.

판사 　증인은 돌아가셔도 됩니다. 감사합니다.

김딴지 변호사 　지금까지 살펴본 것처럼 3·1운동은 1919년 3월 1일부터 약 1년 동안 국내외에서 일제의 부당한 침략에 항거하며 한국의 독립을 이루기 위해 치열하게 전개되었습니다. 이 과정에서 일제 경찰의 무차별한 학살로 한국인 7500여 명이 희생되었으며 수만 명이 옥에 갇혔지요. 하지만 이런 값진 희생 덕분에 3·1운동은 우리의 근대사를 가르는 전환점이 되었고, 이후 수립된 대한민국 임시 정부와 오늘날 대한민국 정부의 정신적인 중심 역할을 하기에 이르렀습니다. 이는 옥에 갇혀서 두려움에 떨던 민족 대표가 아니라, 죽음을 무릅쓰고 일제에 항거한 시민, 학생들의 역할에 절대적으로 힘입은 것이라 할 수 있습니다.

판사 　모두 수고했습니다. 이상으로 3·1운동의 전개 과정을 살펴본 오늘의 재판을 마무리하겠습니다.

　땅, 땅, 땅!

다알지 기자

　　오늘은 3·1운동과 관련해 두 번째 재
판이 열렸습니다. 오늘 재판에서는 3·1운동
의 준비와 전개 과정에 대해 원고와 피고 측 간
에 치열한 공방이 이어졌습니다. 피고 측에서는 대표적인 민족 대표
중 한 명인 이종일 독립 투사가 증인으로 나와 민족 대표의 결단에 대
해 설명했으며, 일본의 와타나베 형사도 등장했습니다. 원고 측에서는
유관순 열사가 나왔는데요, 지금 막 재판을 마치고 나오는 원고와 피
고를 만나보겠습니다.

강기덕

우리 김딴지 변호사의 눈부신 활약으로 많은 진실이 드러나 기쁘게 생각합니다. 특히 여학생의 몸으로 끝까지 일제에 저항하다 장렬하게 생애를 마친 유관순 열사의 증언은 참으로 감동적이었습니다.

저도 3·1운동을 주도했다는 이유로 감옥에 갇히긴 했지만 유관순 열사처럼 목숨 걸고 투쟁하지는 못했습니다. 그래서 부끄러움을 느낍니다. 하물며 민족 대표 33인에게 양심이 있다면 얼마나 부끄럽겠습니까? 하지만 여러분이 보셨다시피 피고 손병희 선생 등 민족 대표들은 자신들의 비굴한 행위를 감싸기에 급급하더군요. 그런 점에서 종교 지도자이며 지식인이라고 우쭐대는 수십 명의 민족 대표들보다 유관순 열사 한 사람의 활약이 훨씬 존경스럽습니다.

　　왜 3·1운동이 일어났을까?

손병희

　오늘 재판을 통해 우리가 3·1운동을 얼마나 치밀하게 준비했는지 잘 아셨을 것입니다. 모든 일에는 원인과 결과가 있는 법. 3·1운동도 우리가 치밀하게 준비하지 않았더라면 그런 결과는 없었을 것입니다.

　여러분! 인도의 사상가이며 민족 운동가였던 마하트마 간디를 잘 아시지요? 간디는 비폭력 무저항주의입니다. 당시 인도 역시 영국의 식민 통치를 받고 있었지만 간디는 비폭력 무저항주의 운동으로 진정한 평화 사상을 펼쳤으며, 이는 인류 역사에 길이 남을 업적이 되었지요.

　간디의 비폭력 무저항주의가 시작된 것은 바로 3·1운동이 일어나던 1919년부터였습니다. 쉽게 말해 간디의 비폭력 무저항주의도 우리 민족 대표들이 원칙으로 정한 평화적인 만세 운동의 영향을 받았다는 것입니다. 이처럼 3·1운동 정신은 중국의 5·4운동, 인도의 독립운동을 비롯해 전 세계 약소민족에게 큰 영향을 주었습니다.

　여러분은 우리 민족 대표가 한민족의 독립을 위해 애쓴 점을 올바로 평가해 주시기 바랍니다.

3·1운동의 의의와
영향은 무엇일까?

1. 대한민국 임시 정부 출범
2. 무단 통치에서 문화 통치로

1

대한민국 임시 정부 출범

판사　드디어 이번 사건에 대한 마지막 재판입니다. 지금까지 역사공화국 법정에서는 3·1운동이 일어난 원인과 준비 과정, 전개 과정에 대해 여러 증인을 출석시킨 가운데 자세히 알아보았습니다. 오늘은 3·1운동이 한국 근현대사에 남긴 의의와 영향을 비롯해 대한민국 임시 정부가 출범한 배경과 일제의 문화 통치에 대해서 알아보겠습니다. 먼저 원고 측 변호인, 진술하세요.

김딴지 변호사　3·1운동은 일제의 국권 침탈과 악랄한 탄압에 맞선 시민과 학생들의 민족 운동이었습니다. 그래서 3·1운동을 3·1인민 봉기라고도 부릅니다. 이런 명칭이 뜻하는 것처럼 3·1운동의 주인공은 원고 강기덕, 유관순 등 청년 지식인과 노동자, 농민, 상공인 등 여러 계층의 이름 없는 민중이었습니다.

3 · 1운동은 일제로부터의 독립뿐만 아니라 당시 싹트기 시작한 민주주의와 사회주의, 인권 사상과 평등사상 등이 자리 잡는 중요한 계기가 되었고, 1920년대에 펼쳐진 여러 가지 사회 운동에 중요한 영향을 끼쳐 우리 근대사의 전환점으로 평가받고 있습니다.

무엇보다 3 · 1운동은 나라 안팎으로 우리 민족의 독립 의지와 저력을 보여 준 대규모 만세 시위라는 점에서 의의가 큽니다. 한일 강제 병합 이후 무단 통치를 계속해 오던 일제는, 3 · 1운동이 일어난 뒤 급히 방향을 바꿔 문화 통치를 하기 시작했습니다. 그런가 하면 ▶3 · 1운동으로 드러난 우리 민족의 독립 의지를 실현하기 위해 국내외 각지에서 '임시 정부'라는 이름의 독립운동 조직이 만들어졌고 같은 해 9월에는 상하이에서 통합 대한민국 임시 정부가 수립됨에 따라 독립운동의 구심점이 되었습니다.

이대로 변호사   원고 측 변호인의 변론을 듣다 보니 3 · 1운동이 처음부터 민중 스스로의 힘으로 꾸려진 것으로 착각하게 되는군요. 그러나 3 · 1운동은 어디까지나 민족 대표가 치밀하게 준비하고 이끌었던 독립운동이었다는 것을 말씀드리고 싶습니다.

판사   조금 전에 원고 측 변호인은 3 · 1운동의 영향으로 대한민국 임시 정부가 수립되었다고 했는데, 그 점을 좀 더 자세히 진술해 보세요.

김딴지 변호사   대한민국 임시 정부는 일제 강점기 내내 우리 민족의 주권을 상징하는 대표적인 독립운동 기구이자 민족정신의 중심점 역할을 했습니다. ▶▶국내에서 3 · 1

교과서에는

▶ 3 · 1운동은 우리 민족을 하나로 묶는 정신적인 바탕이 되었습니다.

운동이 일어나자 서울, 상하이, 옌하이저우, 만주 등 각지에서 한성 임시 정부, 상하이 임시 정부 등 임시 정부라는 이름의 독립운동 조직이 여럿 생겨났어요.

판사 정부라 하면 한 나라에 하나만 있는 게 정상 아닐까요? 그럼에도 서로 다른 이름을 가진 임시 정부가 여럿 생겨난 까닭은 무엇입니까?

김딴지 변호사 당시엔 해외에서 활약하던 독립지사들이 서로 멀리 떨어져 있는 데다 교통과 통신이 불편해서 하나의 통합 기구를 만들기가 어려웠기 때문입니다. 그러나 판사님 말씀대로 하나의 기구로 통합하기 위해 여러 차례 회의가 열렸고 결국 통합 임시 정부가 만들어졌지요.

판사 그렇다면 3·1운동이 통합 대한민국 임시 정부에 어떤 영향을 준 겁니까?

김딴지 변호사 그 점을 설명하기 위해 도산 안창호 선생을 증인으로 모시고자 합니다.

판사 이번 재판에서는 역사적으로 유명한 분들을 많이 뵙게 되는군요.

이윽고 안창호가 증인석에 올라 증인 선서를 했다.

김딴지 변호사 귀한 시간을 내 주셔서 감사합니다. 증인은 독립운동가이며 사상가로서 지금도 국민들의 추앙을

교과서에는

▶▶ 만세 시위가 전개되는 중에 서울에 13도 대표가 모여 독립운동을 전개해 갈 정부의 수립을 선포하였고, 상하이에서는 대한민국 임시 정부가, 미국 등지에서도 임시 정부의 수립이 추진되었습니다.

받고 계십니다. 증인은 3·1운동 이전까지 한국
과 미국, 중국 등을 오가며 계몽사상 함양과 독
립운동에 수많은 업적을 세웠고, 3·1운동 직후
에는 상하이에서 조직된 대한민국 임시 정부에
서 핵심적인 역할을 맡으셨지요?

안창호　그렇습니다.

김딴지 변호사　3·1운동 직후에 곳곳에서 임
시 정부라는 조직이 생겨난 것으로 알고 있는데
그 이유가 뭔가요?

안창호　김 변호사의 말처럼 3·1운동 직후에
여러 지역에서 임시 정부라는 기구가 만들어졌

독립협회, 신민회, 흥사단 등에서 활발하게
독립운동을 펼친 도산 안창호

는데, 그중에서도 블라디보스토크의 대한 국민
의회, 상하이 임시 정부, 서울의 한성 임시 정부 등을 대표적으로 들
수 있습니다. 이렇게 된 것은 3·1운동을 통해 드러난 우리 민족의
역량을 하나로 모아 일제로부터 독립하겠다는 의지가 한꺼번에 표
출되었기 때문입니다.

김딴지 변호사　증인은 1919년 4월 13일에 수립된 상하이 임시 정
부에서 내무총장으로 선출되셨더군요. 상하이 임시 정부는 여운형,
신채호, 김규식 등으로 이루어진 신한청년당이 모체가 되었는데요,
증인은 어떻게 상하이 임시 정부에 합류하게 되었습니까?

안창호　신한청년당은 파리 강화 회의에 김규식을 한국 대표로 파
견하는 등 외교적인 방법으로 독립운동을 추구하면서 주목받게 되

었어요. 그리하여 여운형 등 신한청년당 회원과 당시 상하이에서 활동하던 애국지사 29명이 1919년 4월 10일에 철야 모임을 가졌습니다. 이 모임은 임시 정부를 세우기 위한 준비 모임이자 첫 번째 임시 의정원 회의였어요. 임시 의정원이란 오늘날의 국회와 비슷한 기구로, 이 임시 의정원의 회의를 거쳐 임시 정부 조직과 국호, 임시 헌장(헌법) 등이 결정되었습니다.

김딴지 변호사 우리는 흔히 대한민국 임시 정부라고 하면 백범 김구 선생을 떠올리게 됩니다. 증인은 김구 선생이 임시 정부에 몸담게 하는 데 매우 중요한 역할을 하셨죠?

안창호 그렇습니다. 국내에서 3·1운동이 일어나 독립의 열기가 높아지자, 백범 선생에 대한 일제의 감시와 탄압이 더욱 심해졌어요. 그래서 백범 선생은 중국으로 **망명**할 결심을 굳히고 마침내 상하이에 도착했지요. 당시 우리 애국지사들 사이에서는 백범 선생의 명성이 자자했어요. 그러나 그가 임시 정부에 찾아왔을 때는 이미 조직이 모두 짜인 뒤라서 이렇다 할 직책을 줄 수가 없었습니다. 백범 선생은 임시 정부의 문지기라도 괜찮다고 했지만 그게 어디 가당한 일입니까? 그래서 당시 내무총장 겸 국무총리를 맡고 있던 내가 다른 요인들과 상의하여 경무국장이라는 직책을 백범 선생에게 맡겼습니다.

김딴지 변호사 3·1운동은 일제 강점기의 가장 대표적인 독립운동으로 손꼽히고 있습니다. 3·1운동 후에 일어난 독립운동의 흐름을 간략히 설명해 주시겠습니까?

안창호   3·1운동의 영향에 따라 대한민국 임시 정부가 세워진 것도 독립운동의 하나였지요. 대한민국 임시 정부는 처음에 국제 외교를 통해 독립을 추진하기로 했으나 곧 벽에 부딪치고 말았어요. 그래서 1919년 말부터는 외교 활동과 더불어 무력 투쟁을 하기로 했지요.

김딴지 변호사   그것은 3·1운동 때 민족 대표들이 내세웠던 평화적인 만세 운동에 한계가 있었다는 뜻인가요?

안창호   그렇습니다. 당시 만주, 옌하이저우의 독립지사들은 평화적인 방법이 처음부터 성에 차지 않았어요. 일제가 최신식 무기로 탄압하는데 어떻게 맨손으로 그들에게 저항할 수 있습니까? 그래서 우리 독립지사들은 자금을 모아 러시아, 체코 등으로부터 갖가지 무기와 탄약을 사들여 일본군과 전쟁을 치르기로 했어요. 그 결과 1920년에 봉오동과 청산리 전투에서 일본군에게 대승을 거두었습니다.

그 후 독립군은 일제의 보복을 받아 경신참변을 당했으며 자유시참변 등으로 큰 위기를 맞았지요. 이렇게 되자 1920년대 중반부터는 의열단을 중심으로 의열 투쟁이 활발해졌어요. 한인 애국단 단원인 이봉창과 윤봉길이 백범 김구 선생의 지휘 아래 의거를 일으켜 일본 제국주의자들의 간을 콩알만 하게 만들었지요. ▶광복을 코앞에 두고는 대한민국 임시 정부가 광복군을 조직해 큰 활약을 펼쳤어요.

교과서에는

▶ 만주 지역의 독립군 활동이 큰 제약을 받자, 대한민국 임시 정부는 이들 독립군을 바탕으로 한국광복군을 편성하였습니다.

무장 독립 투쟁이 곳곳에서 일어났지요.

    한편 국내에서는 6·10 만세 운동, 광주 학생 항일 운동, 신간회 조직 등의 활동으로 독립운동이 이어졌습니다.

김딴지 변호사   그렇군요. 증인 덕분에 3·1운동 이후 독립운동의 흐름을 간단히 살펴볼 수 있었습니다. 오늘 귀한 시간 내 주셔서 감사합니다.

판사   피고 측 변호인, 반대 신문하세요.

이대로 변호사   증인을 이렇게 직접 뵙게 되어 영광입니다만, 저는 증인에게 묻고 싶은 게 없습니다.

판사   그렇다면 증인은 돌아가셔도 좋습니다.

독립운동을 하던 당시를 떠올리는 듯 결연한 눈빛으로 증언하던 안창호가 천천히 일어나 법정을 빠져나갔다.

판사　증인 신문을 통해 대한민국 임시 정부가 수립되는 데 3·1운동이 어떤 영향을 미쳤는지 알게 되었습니다. 이제 3·1운동으로 인해 조선 총독부의 정책에 어떤 변화가 생겼는지 살펴보겠습니다.

2

무단 통치에서
문화 통치로

판사   피고 측 변호인이 3·1운동으로 인해 조선 총독부의 정책에
어떤 변화가 생겼는지 설명해 주시겠습니까?

이대로 변호사   ▶3·1운동 후 일제가 문화 통치를 시작한 것은 잘
알려진 사실입니다.

판사   문화 통치는 어떤 식으로 이루어졌습니까?

이대로 변호사   문화 통치는 다른 말로 민족 분열 통치라
고도 부릅니다. 이런 표현과 같이 문화 통치 시기에 일제
는 우리 민족을 분열시키면서 수많은 친일파를 만들어 냈
습니다. 이렇게 민족을 분열시키기 위해 일제는 무단 통치
때보다 훨씬 많은 경찰과 헌병을 전국 곳곳에 배치해 놓고
우리 동포의 움직임을 낱낱이 감시했지요.

교과서에는

▶ 3·1운동에 일제는 크게
놀라게 되고, 새로 부임한
조선 총독 사이토 마코토를
통해 '문화의 창달과 민력
의 충실'을 기한다는 이른바
'문화 통치'를 내세워 국면
을 수습하고자 하였습니다.

독립운동가 겸 승려인 한용운은 시인으로 일제시대 때 시집 『님의 침묵』을 출판하기도 했습니다.

무단 통치를 하던 일제가 문화 통치로 정책을 바꾼 이유를 밝히기 위해, 민족 대표의 한 사람으로 끝까지 일제에 저항했던 만해 한용운 스님을 증인으로 요청합니다.

판사　　좋습니다. 만해 스님은 시인이며 독립운동가, 승려로서, 꿋꿋한 절개로 우리 민족의 얼과 정신을 지켰으며, 특히 3·1운동 후 옥에 갇힌 뒤에도 옥중 투쟁을 벌여 일제의 간담을 서늘하게 만든 분이죠?

이대로 변호사　　그것은 제가 해야 할 말인데…….

판사　　나도 만해 스님 팬이라서 어느 정도 알고 있거든요.

잠시 후 한용운이 나와서 증인 선서를 했다.

이대로 변호사　　증인은 일제가 무단 통치에서 문화 통치로 정책을 바꾼 까닭이 무엇이라고 보십니까?

유화 정책
상대국의 적극적이고 강경한 요구에 대하여 양보와 타협을 위주로 해결을 도모하는 정책입니다.

한용운   그야 물론 3·1운동을 통해 우리 민족이 보여 준 독립 의지와 높은 문화 수준 때문이지요. 일제는 조선을 강제 병합한 뒤 총과 칼로 억누르면 쉽게 다스릴 수 있을 것이라고 여겼습니다. 그러나 그토록 살벌하게 감시하고 억눌렀음에도 3·1운동과 같은 전 민족적 규모의 만세 시위가 일어나자, 천황과 조선 총독부터 말단 관리에 이르기까지 크게 당황했지요. 그래서 한민족을 좀 더 효과적으로, 교활하게 지배하기 위해 문화 통치를 내세우게 된 것입니다.

이대로 변호사   방금 문화 통치가 무단 통치보다 교활한 방법이라고 했는데, 그렇게 말씀하시는 이유가 뭔가요?

한용운   문화 통치란 쉽게 말해 우리 민족의 문화 활동을 어느 정도 보장하겠다는 것입니다. 뿐만 아니라 3·1운동 이전까지 엄격하게 막았던 언론, 출판의 자유도 허용함에 따라 1920년에는 민간 신문인 『조선일보』, 『동아일보』 등이 차례로 창간되었어요.

그러나 방금 말했던 것처럼 일제 헌병과 경찰의 숫자를 무단 통치 때보다 훨씬 늘렸습니다. 문화 통치를 한다면서 헌병과 경찰을 늘린 것은 무슨 뜻일까요? 바로 그들을 이용해 정보를 수집하면서 한국인들을 철저히 분열시키겠다는 의도였습니다. 즉, 유화 정책을 쓰면서 수많은 지식인, 애국지사들을 슬그머니 친일파로 만들어 나간 게 바로 문화 통치였지요.

이대로 변호사   그러나 3·1운동 후 일제가 무단 통치를 포기하고 문화 통치를 시작한 것은 3·1운동이 남긴 중요한 영향이 아닌가요?

한용운 그건 맞는 말입니다.

이대로 변호사 그런 점에서 증인을 비롯한 민족 대표의 역할이 매우 컸다고 볼 수 있겠군요?

한용운 내가 민족 대표의 한 사람으로 참여한 것은 틀림없는 사실이지만, 개인적으로는 그들과 함께 내 이름이 거론되는 게 별로 달갑지 않소.

이대로 변호사 아, 네! 증인에게서 그런 말씀을 들으니 약간 당황스럽군요. 이상으로 증인 신문을 마칩니다.

판사 원고 측 변호인, 반대 신문하세요.

김딴지 변호사 감사합니다. 사실 증인은 다른 민족 대표들과는 구분되는 분이기 때문에 원고 측 증인으로 신청하려고 했습니다.

한용운 그리 말씀해 주시니 고맙군요.

김딴지 변호사 증인은 3·1운동을 준비하던 짧은 기간 동안 참으로 많은 역할을 하셨더군요. 무엇보다도 「독립 선언서」 끝 부분에 공약 3장을 덧붙이신 것으로 유명한데, 그 원고를 왜 쓰셨는지 말씀해 주시겠습니까?

한용운 「독립 선언서」는 당시 청년 지식인이며 문장력이 좋다고 알려졌던 육당 최남선이 초안을 마련했어요. 물론 그 원고를 쓰기 전에 손병희 선생이 평화적이며 감정에 흐르지 않을 것, 동양 평화를 위해 조선의 독립이 필요하며, 민족 자결과 자주독립 정신을 바탕으로 운동한다는 세 가지 원칙을 제시했지요.

우리 민족 대표들은 3·1운동을 앞두고 자주 모여 계획을 세웠는

公約三章(공약 3장)

一. 今日(금일) 吾人(오인)의 此擧(차거)는 正義(정의), 人道(인도), 生存(생존), 尊榮(존영)을 爲(위)하는 民族的(민족적) 要求(요구)ㅣ니, 오즉 自由的(자유적) 精神(정신)을 發揮(발휘)할 것이오, 決(결)코 排他的(배타적) 感情(감정)으로 逸走(일주)하지 말라.

一. 最後(최후)의 一人(일인)까지, 最後(최후)의 一刻(일각)까지 民族(민족)의 正當(정당)한 意思(의사)를 快(쾌)히 發表(발표)하라.

一. 一切(일체)의 行動(행동)은 가장 秩序(질서)를 尊重(존중)하야, 吾人(오인)의 主張(주장)과 態度(태도)로 하야금 어대까지던지 光明正大(광명정대)하게 하라.

朝鮮(조선) 建國(건국) 四千二百五十二年(사천이백오십이년) 三月(삼월) 一日(일일)

데, 최남선이 쓴 「독립 선언서」 초안도 그때 검토했지요. 그런데 지금 전해지다시피 최남선의 원고는 한문 문장이라 대중이 쉽게 읽거나 이해할 수가 없었어요. 한문을 잘 알고 있던 나마저 읽는 게 어려웠으니 일반 사람들은 얼마나 답답했겠습니까? 그런 게 당시 지식인들, 특히 민족 대표들이 가진 우월 의식이었어요. 쉬운 말로 잘난 체를 했던 거죠. 무엇보다 무력에 의존하지 않고 평화적으로 독립을 추구하겠다는 내용이 내 성에 차지 않았습니다. 그래서 내가 "이건 문장이 어려운 데 비해 독립 선언의 내용으로서는 약하지 않으냐?" 하고 이의를 제기했어요. 하지만 다들 그 정도면 무난하며 시간 관계상 원고를 다시 고쳐 쓸 수도 없다고 말해서 나도 더 이상 토를 달 수가 없었지요. 그 대신 만세 운동을 추진하는 데 있어 우리의 의지와 자세를 확실히 밝히자는 뜻에서 내가 공약 3장을 덧붙이게 된 것입니다.

김딴지 변호사 판사님, 여기 증인이 쓰신 공약 3장을 증거물로 제출하며, 내용은 다음과 같습니다.

첫째, 오늘 우리의 이 거사는 정의, 인도, 생존, 번영을 위한 민족 전체의 요구이니, 오직 자유의 정신을 나타낼 것이며, 남을 배척하는 감정으로 그릇되게 달려 나가지 말라, 둘째, 마지막 한 사람까지, 마지막 한 순간까지 민족의 정당한 뜻을 시원스럽게 발표하라, 셋째, 모든 행동은 질서를 존중하여, 우리의 주장과 태도를 어디까지든지 밝고 정당하게 하라, 라고 되어 있습니다.

이 공약 3장에서 알 수 있듯이 증인을 비롯한 민족 대표들은 마지막 한 사람까지, 마지막 한 순간까지 민족의 정당한 뜻을 시원스럽게 발표하라고 했으면서도 정작 자신들은 자진해서 체포되어 군중들의 만세 운동을 이끌지 못했습니다. 이 점에 대해 증인은 어떻게 생각하십니까?

한용운 비록 내 개인적인 의도는 아니었지만 진심으로 민족 앞에 사과합니다. 김 변호사의 지적과 같이 우리 민족 대표의 행위는 매우 소극적이며 비굴한 것이었습니다. 바깥세상에는 잘 알려지지 않았지만 옥중에서는 더욱 비굴했어요. 오죽했으면 스님인 내가 그자들에게 분뇨 통을 휘둘렀겠습니까?

김딴지 변호사 안 그래도 증인에게 그 일에 대해 물어 보려고 했습니다. 왜 그러신 겁니까?

「조선 독립의 서」
'자유는 만유의 생명이요, 평화는 인생의 행복이라. 고로 자유가 없는 사람은 사해와 같고, 평화가 없는 자는 가장 고통스러운지라'와 같은 내용을 담고 있는 한용운의 글로, 3·1운동의 정신을 잘 담고 있다 할 수 있습니다.

한용운 민족 대표라는 작자들은 옥에 갇힌 뒤 날마다 목숨을 구걸하며 어떻게든 빠져나갈 생각만 했어요. 내가 이런 비겁한 자들과 어쩌자고 함께 일했나 싶을 정도였지요. 걸핏하면 질질 짜면서 자기는 3·1운동과 별로 관련이 없다, 「독립 선언서」에 민족 대표로 서명한 것은 자기 뜻이 아니었다, 언제 석방시켜 줄 수 있느냐 하면서 일제 법관이나 검사들에게 매달렸어요. 그러니 내가 그런 꼴을 보다 못해 감옥 안에 있던 분뇨 통을 집어던졌던 겁니다.

김딴지 변호사 증인은 그밖에도 수많은 옥중 투쟁을 벌였고, 일본인 재판관을 준엄하게 꾸짖었는가 하면, 「조선 독립의 서」와 같은 글을 감옥에서 쓰신 것으로도 유명합니다. 「조선 독립의 서」는 일제 강점기에 우리나라의 독립을 요구한 명문장으로 손꼽히고 있지요?

한용운 그걸 알아주니 고맙소. 어쨌든 나는 민족 대표들이 독립에 대한 의지를 굽히지 않고 끝까지 투쟁해 주길 바랐습니다. 그런데 명색이 민족 대표라는 작자들이 옥중에서는 물론 석방된 후에도 친일

한용운 선생의
「조선 독립의 서」

파로 변절한 게 가장 가슴이 아픕니다. 그중에서도 내가 그 재능을 아꼈던 춘원 이광수, 육당 최남선, 그리고 천도교의 최린이 친일파 앞잡이로 변절한 게 더욱 원망스러워요. 세 사람 모두 한때는 애국 청년으로 명망이 높았는데 그런 식으로 변절했으니, 내가 어떻게 민족 대표랍시고 고개를 들고 다니겠소?

김딴지 변호사　　그래도 민족 대표 중에 증인과 같은 분도 계셔서 다행이라고 생각합니다. 오늘 증언해 주셔서 감사합니다.

한용운이 증인석에서 일어나 법정 밖으로 나간 뒤 판사가 말했다.

판사　좋습니다. 이상으로 원고 강기덕이 민족 대표 손병희를 상대로 소송을 제기한 이번 재판을 통해 3·1운동의 원인과 준비 과정, 전개 과정, 3·1운동이 갖는 의의와 영향 등에 대해 자세히 알아보았습니다. 특히 민족 대표들이 3·1운동을 준비한 과정과 역할에 대해서 여러 증인의 진술을 들어 보았습니다. 원고와 피고의 치열한 법정 공방과 증인들의 진술은 최종 판결에 반영될 것입니다. 잠시 휴정한 뒤 양측의 최후 진술을 듣고 오늘의 재판을 마치겠습니다.

다알지 기자

　　　　　재판이 막바지에 접어든 가운데 휴정 시간을
맞았습니다. 마지막 재판에서는 안창호 선생과 한용운 님을 증인으로
모셨습니다. 우리 민족 역사상 위대한 업적을 남기신 두 분을 통해 3·1
운동이 대한민국 임시 정부 수립에 미친 영향과 일제의 문화 통치에
대해서 살펴보았습니다. 원고 측 김만지 변호사와 피고 측 이대로 변
호사의 소감을 들어 볼까요?

김딴지 변호사

여러분, 3·1운동은 역사적인 사건인 만큼 진실이 올바르게 알려져야 한다고 생각해요. 여러 가지 관련 기록과 자료를 검토해 보면 민족 대표들이 그 업적에 비해 지나치게 높이 평가받고 있다는 걸 알 수 있어요. 민족 대표들이 갑자기 계획을 변경한 것도 이해할 수 없지만, 구속된 후 옥중에서 보인 비굴한 태도는 일일이 밝히기 민망할 정도였어요. 예를 들어 일부 민족 대표들은 재판을 받을 당시 기록을 보면 "나는 어리석은 생각으로 이번 계획(3·1운동)에 참가했으며, 그것은 잘못이다", "독립운동을 한다고 독립이 이루어지는 게 아니니 앞으로는 그런 짓을 하지 않겠다"라는 식으로 진술했지요.

따라서 한용운 등 몇몇 분을 제외하면 민족 대표로서 자격이 없을 뿐만 아니라 지금이라도 민족을 속인 잘못을 속죄하는 게 도리라고 생각합니다.

이대로 변호사

　한마디로 어처구니가 없군요. 오늘 재판
에서 밝혀진 것처럼, 민족 대표들이 처음부터
강조한 것은 일제의 지배에 감정적으로 대항하지
말고 평화적으로 독립을 요구하자는 것이었어요. 이는 당시 우리 민족
의 의식이 성숙했음을 전 세계에 보여 주는 방법이기도 했지요. 사실
일제 강점기에 원고의 주장처럼 무력을 써서라도 자주독립을 얻겠다
고 투쟁한 기록은 많아요. 그러나 독립군이 봉오동과 청산리에서 크게
승리하자 일제는 경신참변을 일으켜 보복했지요. 일제의 주요 기관을
폭파하고 주요 인사를 암살하는 것을 목표로 삼았던 의열 투쟁도 제대
로 성공한 게 없을 정도입니다. 윤봉길 의거는 성공했지만 그 대가는
끔찍했어요. 김구 주석과 대한민국 임시 정부가 상하이를 떠나 8년 가
까이 중국 각지를 떠돌다가 겨우 충칭에 자리 잡을 수 있었지요.
　이처럼 무력 투쟁이 실패한 데 비해, 일제가 통치 정책을 무단 통치
에서 문화 통치로 바꾼 것은 민족 대표들이 평화적으로 3·1운동을 펼
쳐 나간 결과였습니다. 따라서 평화의 원칙을 철저히 지킨 민족 대표
들에겐 아무런 허물이 없으며, 오히려 이 재판으로 원고가 그분들의
명예를 훼손하였으니 그 책임을 져야 할 것입니다.

민족 대표들은 시민과 학생을 외면하였습니다
VS
역사의 흐름을 바꾸는 민족 운동을 꿈꾸었소

판사　마지막으로 양측의 최후 진술을 듣고 판결을 내리겠습니다. 먼저 원고가 진술하세요.

강기덕　존경하는 판사님, 그리고 배심원 여러분, 민족 대표 48인의 한 사람이었으며 학생 대표이기도 했던 저는 제2차 만세 운동을 주도했다는 이유로 체포되어 1년 6개월 동안 옥에 갇혀 지냈습니다. 저는 3·1운동이 시작되기 전만 해도 「독립 선언서」에 서명한 민족 대표 33인 선배들을 깊이 존경하고 신뢰했지만 그 뒤의 과정을 지켜보면서 실망을 금할 수 없었습니다. 이번 재판에서 드러난 것처럼 3·1운동은 우리나라 근대사의 분수령이 될 만큼 중요한 민족 운동이었습니다. 그 결과 3·1운동 후 대한민국 임시 정부가 수립되었고, 일제가 문화 통치로 정책을 바꿀 수밖에 없었던 것입니다. 하지만 일제의 학살로 7500여 명이 숨지는 등 우리 민족이 입은 정신적·물질적인 피해는 매우 컸습니다. 이런 결과가 나온 것은 민족 대표들이 갑자기 계획을 바꿔 시민과 학생들을 외면했기 때문입니다. 한편 민족 대표들은 폭력을 쓰지 말고 평화적인 방법으로 만세 운동을 벌이자고 주장했지만 그 결과는 비극적이었습니다. 특히 2개월 동안 집중적으로 전개된 만세 운동 시기에 민족 대표라는 구심점이 없어진 까닭에 3.1운동이 단지 우리 민족의 독립 의지를 알리는 데 그친 것이 애통합니다.

이런 점에서 저는 민족 대표들의 비굴한 행위에 대한 책임을 묻고, 그들이 실제 업적에 비해 분에 넘치는 존경을 받는 점이 부당하다는 사실을 밝히고자 합니다. 판사님과 배심원 여러분께선 이 점을 잘 살펴 주십시오.

판사 이번엔 피고가 최후 진술을 해 주세요.

손병희 나는 솔직히 강기덕 씨가 나와 민족 대표 33인에 대해 소송을 제기한 이유를 잘 모르겠습니다. 원고는 우리 민족 대표 33인이 3·1운동을 준비해 놓고도 막상 그날 군중 앞에서 만세 운동을 이끌지 않은 책임을 물었는데, 그건 원고의 판단 착오입니다. 우리 민족 대표 33인은 독립군이나 정치인이 아니라 종교 지도자이기 때문입니다. 모든 종교는 마음의 평안을 얻고 행복한 삶을 꾸려 나가기 위해 존재하는 것인데, 종교인들이 어떻게 군중에게 무력으로 독립 투쟁을 벌이자고 선동하고 폭력이 일어날 게 분명한데 그 일을 부채질하겠습니까? 물론 한용운 스님의 증언처럼 우리 민족 대표 중에는 목숨을 구걸했거나 나중에 친일파 지식인으로 변절해 크게 실망을 안긴 분들이 있었다는 점을 인정합니다. 그렇다 해도 민족 대표가 주도하여 일어났던 3·1운동은 우리 근대사의 흐름을 바꾼 민족운동이었습니다. 따라서 오늘날 대한민국 정부의 정신적 배경이 되었던 3·1운동 정신과 그런 것을 가능하게 했던 민족 대표의 판단이나 희생을 일방적으로 매도하는 것은 옳지 않습니다. 판사님과 배심원 여러분의 현명하신 판단을 기대합니다.

판사 지금까지 재판에 참여했던 양측 변호사와 원고, 피고, 배심원단, 방청객, 그리고 끝까지 자리를 함께한 기자 여러분들 모두 수고 많으셨습니다. 배심원의 판결서를 참고하여 4주 후에 최종 판결을 내리겠습니다. 그때까지 방청객과 기자 여러분도 이번 재판에 대해 각자 판결을 내려 보시기 바랍니다.

땅, 땅, 땅!

역사공화국 한국사법정 재판 번호 54 강기덕 VS 손병희

주문

역사공화국 한국사법정은 원고 강기덕이 피고 손병희를 상대로 제기한 정신적 손해 배상 청구에 대해 원고의 부분 승소를 결정한다.

판결 이유

원고 강기덕은 피고 손병희 등 민족 대표가 1919년 3월 1일 만세 시위를 벌이기로 계획함에 따라 5000여 명의 군중이 탑골 공원에 모였음에도 불구하고 갑자기 계획을 바꾸어 민족 대표끼리만 태화관에서 모여 「독립 선언서」를 낭독하고 스스로 체포된 것이 민족 대표다운 처신이 아니라고 지적했다. 아울러 그 일로 3·1운동에 동참했던 수백만 명의 군중 가운데 7500여 명이 죽는 등 피해가 컸고 3·1운동이 중심을 잃어 정신적인 피해를 입었다며 소송을 제기했다. 또한 민족 대표가 평화적인 만세 운동을 펼친 것도 우리 민족에게 큰 피해를 입힌 원인이라고 지적했다. 이런 주장에 대해 피고는 3·1운동 당시 급히 계획을 바꿔야 했던 이유와 민족 대표가 3·1운동에 끼친 영향을 들어 민족 대표를 일방적으로 비난하는 것은 옳지 않다고 주장하였다.

원고의 주장처럼 피고 등 민족 대표가 1919년 3월 1일 태화관에서 별도의 집회를 갖고 「독립 선언서」 낭독과 만세 삼창을 한 뒤 조선 총독부 경무 총감부에 스스로 신고해 체포된 것은 사실로 드러났다. 또한 그 일로 인해 3·1운동에 참여한 군중이 구심점을 잃어 독립운동 본래의 목적을 이루지 못한 점도 인정된다. 그럼에도 피고 등 민족 대표가 3·1운동을 계획하고 준비하는 과정에서 각 종교 단체의 조직을 활용해 전국적인 만세 운동이 되게 했으며 결과적으로 역사의 물줄기를 바꿨다는 점에서 민족 대표의 역할은 중요했다고 볼 수 있다. 특히 피고의 최후 진술처럼 민족 대표가 종교 지도자들로 구성되었기에 만세 운동을 평화적으로 전개한 점, 대규모 군중이 모일 경우 폭력 사태가 일어날 것을 예상해 불상사를 막으려고 했다는 점도 종교인으로서 마땅한 결정이라고 판단된다. 그러나 민족 대표 중 많은 사람이 친일파로 변절했다는 사실은 그들의 공적이 과대평가되었다는 원고의 주장을 뒷받침한다.

따라서 피고 등 민족 대표가 3·1운동을 준비했으면서도 현장에서 민중을 이끌지 못한 데 대한 원고의 비판은 옳다고 판단하며, 평화적인 만세 운동을 벌여 3·1운동을 역사의 분수령으로 발전시킨 점에 대해선 피고 등 민족 대표의 원칙이 옳았다고 판단한다. 이에 원고의 부분 승소 결정을 내리는 것으로 판결을 마무리한다.

역사공화국 한국사법정 담당 판사 정역사

"우린 같은 목적을 갖고 3·1운동에 힘썼던 동포요."

재판이 끝난 뒤 김딴지 변호사는 시무룩해졌다.

"부분 승소라니, 이게 뭐야? 기껏 열심히 준비했더니 무승부야?"

김딴지 변호사는 아무리 생각해도 판사와 배심원들이 내린 결론을 이해할 수가 없었다. 재판을 진행하는 동안 이대로 변호사는 변론을 멋들어지게 한 것도 아니었고 민족 대표가 집회 시간과 장소를 급히 바꾼 것은 당시 사정상 어쩔 수 없었다는 변명을 늘어놓기 일쑤였다. 더구나 민족 대표가 아니었으면 3·1운동이 일어나지 못했을 것이니 작은 허물은 덮는 게 마땅하다는 억지 주장을 반복했다. 그런데도 무승부라니 불공평한 판결이 아닌가?

김딴지 변호사가 억울해하면서 사무실을 향해 터덜터덜 걸어가고 있을 때 누군가 말을 걸었다.

"김 변호사, 고개 들고 어깨에 힘 좀 주고 다니시지."

고개를 돌려 보니 강기덕 선생이 허허 웃으며 다가오고 있었다.

"아니, 지금 웃음이 나옵니까?"

"그럼 울어야겠소?"

"그런 건 아니지만……."

"김 변호사가 이 사건을 맡으면서 처음에 뭐라고 했소? 민족 대표
를 상대로 어떻게 이길 수 있겠냐고 하지 않았소?"

"그래도 내가 승소하려고 얼마나 노력했는데요."

"그랬으니까 일부 승소라도 한 것이지. 사실은 나도 손병희 선생에게 소송을 제기한 게 무리였다고 생각하오. 나 역시 민족 대표의 한 사람으로서 책임감을 느꼈기 때문이지요. 더구나 당시에 민족 대표로 서명까지 했다면 지금처럼 법정 투쟁을 벌이는 건 상상도 못했을 것 아니오."

"하긴 그렇군요. 같은 목적을 갖고 3·1운동에 힘썼는데 동포끼리 법정에서 다투는 게 보기 좋은 모습은 아니었지요. 차라리 그때 무단 통치를 펼쳤던 일본 천황이나 조선 총독 하세가와를 고소했다면 모를까……."

"맞소. 그러니까 오늘 판결에 대해 너무 억울해하지 말아요. 그건 그렇고, 재판도 끝났으니 갑시다."

"어딜 가요?"

"벌써 점심때가 지났는데 밥은 먹어야 할 거 아니오? 내가 잘 아는 수타 짜장면 집이 있는데……."

강기덕 선생의 제안에 김딴지 변호사는 '겨우 짜장면 한 그릇이라고?' 하는 생각에 어이가 없었다. 하지만 '짜장면' 소리를 들으니 온몸이 떨릴 정도로 배가 고팠다.

"짜장면, 좋지요. 어서 가시죠."

두 사람이 걸어가는 역사공화국의 초여름 거리에 무성한 가로수 잎들이 싱그러웠다.

3·1운동이 남긴 것은?

태극기

3·1운동 당시 사용되었던 태극기입니다. 당시 만세 시위가
전국적으로 퍼져 나갔는데, 다들 손에 태극기를 들고 있었지
요. 태극기는 우리나라의 국기로, 우리나라와 민족을 상징한
다고 할 수 있습니다. 흰 바탕의 한가운데에 진홍빛 양(陽)과
푸른빛 음(陰)의 태극이 있고, 태극기의 대각선 위치에 검은
빛 사괘(四卦)가 놓여 있습니다.

태극기 목각판

나무에 그림이나 글자 따위를 새기는 일을 '목각'이라고 하고, 그림이나 글자를 새긴 목판을 '목각판'이라고 합니다. 이 유물은 태극기를 찍을 수 있는 목각판으로, 잉크나 물감을 판 위에 바른 뒤 종이를 덮어 찍어 냅니다. 일제 강점기에 이 목각판으로 일본인의 눈을 피해 짧은 시간에 대량으로 태극기를 찍어 낼 수 있었지요. 좌우가 반대인 것이 특징입니다.

태형 틀

조선 시대에 죄인을 처벌하던 다섯 가지 형벌은 태형, 장형, 도형, 유형, 사형입니다. 이 5형 가운데 죄인의 볼기를 작은 형장으로 치던 형벌이 태형이며, 사진 속 유물은 태형을 치던 태형 틀입니다. 사람이 양팔을 벌리고 엎드리면 형장으로 볼기를 치는 거지요. 일제 강점기 때 독립투사들을 잡아 고문하는 도구로 사용되었습니다.

족쇄와 수갑

죄인의 발목에 채우던 쇠사슬을 족쇄라고 하고, 죄인이나 피의자가 자유롭게 움직이지 못하도록 양쪽 손목에 걸쳐서 채우는 것을 수갑이라고 합니다. 만세 시위 당시 많은 사람들이 죽고 다치고 또 잡혀갔는데, 이때 일제가 사용했던 형구가 바로 족쇄와 수갑입니다.

창의검

경상북도 안동에서 활약한 항일 의병장인 김도현이 사용했던 칼입니다. 등록문화재 465호로 지정되어 있지요. 칼에는 '삼인검(三寅劍)', 칼집에는 '창의검(倡義劍)'이라고 새겨져 있습니다. '삼인검'의 '인'은 범을 뜻하고, '창의검'은 '의가 번창하게 하는 검'이라는 뜻으로 이해할 수 있습니다.

출처: 3·1운동기념관(http://41.anseong.go.kr)

경기도 안성의 3 · 1운동기념관

    경기도 안성은 3 · 1운동이 가장 격렬하게 일어났던 지역 중 하나로 잘 알려져 있습니다. 이 안성에 세워진 3 · 1운동기념관에서 3 · 1운동의 의의를 되새기고 나라를 위해 목숨을 아끼지 않으신 선열들의 희생 정신과 독립 정신을 기릴 수 있습니다.

    기념관에서는 매년 3월 1일 오전 9시 30분부터 오후 5시까지 삼일절 기념식과 안성의 만세 항쟁을 기념하는 〈2일간의 해방〉 재현극이 열립니다. 또 다양한 행사가 펼쳐지는데, 이러한 행사는 3 · 1운동이 지나간 과거 속의 잊힌 역사가 아니라 우리의 현실이 있게 해 준 꼭 있어야 하는 역사라는 생각을 갖게 합니다.

    기념관 야외에는 다양한 전시물과 조각 작품과 태극기가 나란히 놓여 있습니다. 이 태극기 행렬을 지나 기념관 안으로 들어가면 당시 안성 지역의 만세 운동 관련 유물과 기록이 전시되어 있지요. 뿐만 아니라 우리나라 전역에서 벌어졌던 만세 시위를 모형과 영상물 등을 통해 살펴볼 수 있답니다.

    기념관 곳곳에는 직접 체험해 볼 수 있는 시설도 많이 있습니다. 안중근 의사의 단지 혈맹 탁본을 찍어 보거나, 만세 운동을 하다 붙잡힌 독립투사가 되어 볼 수도 있어요. 그래서 족쇄와 수갑을 차고 수인들이 입던 옷인 수형복을 입어 보면서 당시 선열들이 느꼈던 고통을 짐작해 보는 거지요.

기념관을 다 살펴본 뒤 조금 걸으면 3·1운동기념탑과 순국 선열들의 위패가 모셔진 광복사에 가 볼 수 있습니다. 사당에서 선열들의 넋을 위로하는 시간을 가져 보세요.

찾아가기 주소 경기도 안성시 원곡면 만세로 868
운영시간 09:00 ~ 17:00 (매주 월요일, 1월 1일, 설날, 추석 휴관)
전화번호 031-651-0741

3·1운동기념관 전경

3·1운동기념관 내 조형물

『역사공화국 한국사법정 54 왜 3·1운동이 일어났을까?』와 관련한
논술 문제를 풀어 봅시다.

※ 다음 제시문을 읽고 물음에 답하시오.

(가) 1. 우리는 한일병합이 우리 민족의 자유의사에서 비롯되지 않
      았으며 그것이 우리 민족의 생존 발전을 위협하고 동양의 평
      화를 저해하는 원인이 된다고 생각하므로 독립을 주장하는
      것이다.

   2. 우리는 일본 의회 및 정부에 대해 조선 민족 대회를 소집하
      고 대회의 결의에 따라 우리 민족의 운명을 결정할 기회를
      부여할 것을 요구한다.

   3. 우리는 만국 평화 회의에 대해 민족 자결주의를 우리 민족에
      게 적용할 것을 청구한다.

   4. 앞의 세 가지 요구가 실현되지 않을 경우 우리 민족은 일본
      에 대하여 영원한 혈전(血戰)을 선언한다.

                              —「2·8 독립 선언 결의문」

(나) 오등(吾等)은 자(玆)에 아(我) 조선(朝鮮)의 독립국(獨立國)임과
    조선인(朝鮮人)의 자주민(自主民)임을 선언(宣言)하노라. 차(此)

로써 세계만방(世界萬邦)에 고(告)하야 인류 평등(人類平等)의 대의(大義)를 극명(克明)하며, 차(此)로써 자손만대(子孫萬代)에 고(誥)하야 민족자존(民族自存)의 정권(正權)을 영유(永有)케 하노라.

(우리는 이에 조선이 독립국임과 조선인이 자주적인 민족임을 선언한다. 이 선언을 세계 온 나라에 알리어 인류 평등의 크고 바른 도리를 분명히 하며, 이것을 후손들에게 깨우쳐 우리 민족이 자기의 힘으로 살아가는 정당한 권리를 길이 지녀 누리게 하려는 것이다.)

－「기미 독립 선언서」부분

1. (가)는 「2·8 독립 선언 결의문」이고, (나)는 「기미 독립 선언서」입니다. (가)가 (나)에 어떠한 영향을 주었는지에 대해 서술하고, (가)와 (나)의 공통점과 차이점에 대한 글을 써 보시오.

※ 다음 제시문을 읽고 물음에 답하시오.

(가) 황해도 해주에서는 김월희, 문월선, 김해중월, 문향희, 옥채주라는 이름의 기생들이 태극기를 흔들며 '대한 독립 만세'를 외쳤습니다. 고종의 장례식에 참석하려고 서울에 갔다가 3·1운동을 경험한 김월희가 "기생도 이 나라의 백성이거늘 어찌 가만히 있을 수 있겠느냐" 하면서 해주의 기생들을 모아 만세 운동을 벌인 것이지요. 이들은 일본 경찰에 잡혀가서도 굽히지 않고 당당하게 나라의 독립을 외쳤습니다. 이렇게 용감한 기생들은 전국 방방곡곡에 있었습니다. 특히 수원의 김향화는 동료 기생 32명과 함께 1919년 3월 29일 만세 운동을 벌였지요.

(나) 농촌에서 농민들의 만세 시위는 사람이 많이 모이는 장날에 벌어졌습니다. 농민들은 태극기를 흔들며 '독립 만세'를 외쳤지요. 일제 헌병과 경찰이 총과 칼로 무자비하게 탄압하자, 농민들은 낫, 곡괭이 등의 농기구나 돌멩이 등으로 무장하여 경찰 관서나 헌병대 등을 습격하여 파괴합니다.

(다) 우리 동포들이 많이 거주하는 만주와 옌하이저우 지역에서는 대규모 시위가 연일 전개되었습니다. 특히 미국 필라델피아에서는 3일간 한인 자유 대회를 열고 시가행진을 벌였지요.

2. (가)~(다)는 3·1운동 즈음에 앞다투어 일어난 만세 시위입니다.
(가)~(다)를 읽고 당시 민족적 정서가 어떠했을지 써 보시오.

해답 1 (가)는 1919년 2월 8일 일본 도쿄에서 재일 유학생이 발표한
「독립 선언문」입니다. 부당했던 한일병합 조약의 폐기와 조선의 독
립을 선언하고, 민족 대회의 소집을 요구하며, 민족 자결주의가 우
리 민족에게도 적용되어야 한다는 것을 주장하고 있지요. 여기에 덧
붙여 이 목적이 이루어질 때까지 영원히 혈전을 벌이겠다고 선언하
고 있습니다. (나)는 「기미 독립 선언서」로 「3·1 독립 선언서」라고
도 합니다. 1919년 3월 1일 3·1운동을 기하여 민족 대표 33인이 한국
의 독립을 내외에 선언한 글이지요. 최남선이 초안을 작성했으며,
이 뒷부분에 한용운이 공약 3장을 작성해 덧붙였다고 알려져 있습
니다. 조국의 독립을 선언하는 내용을 담고 있으며, 비폭력적이고

평화적인 방법으로 민족 자결에 의한 자주독립을 전개하는 방법을 제시하고 있습니다. 한문과 한글 혼용으로 작성되어 있지요.

시기적으로 (가)가 (나)보다 앞서 발표되었으며, (가)가 (나)에 영향을 주었다고 알려져 있습니다. 둘 다 우리나라의 독립을 간절히 바라고 또 독립을 주장하고 있습니다. 또한 '민족 자결주의'에 입각하여 선언서가 작성되었다는 점도 공통점이지요. 하지만 (가)는 선언서에서 밝힌 목적이 이루어질 때까지 영원히 혈전을 벌이겠다고 선언하고 있는 반면 (나)는 그렇지 않습니다. 이 점이 (가)와 (나)의 다른 점이라 할 수 있습니다.

해답 2 (가)는 기생들의 만세 시위에 대한 내용이고, (나)는 농촌에서 벌어진 농민들의 만세 시위에 대한 내용입니다. (다)는 해외에서 벌어진 시위에 대한 내용이지요. 이처럼 3·1운동은 우리 민족 일부에서만 일어난 것도, 한 지역에 국한된 것도 아니었습니다. 만세 시위는 전국으로 확산되었고, 학생뿐 아니라 교사, 노동자, 상인, 기생, 걸인까지 가담한 범국민적인 행동이었지요. 참여자가 50만 명 이상으로 추정되며, 수개월 만에 전국으로 퍼져 나갔습니다. 일본, 옌하이저우, 미국 등 해외에서도 만세 시위가 벌어져 1년 가까이 지속되었어요. 그만큼 우리 민족의 독립에 대한 갈망이 강했으며 일제에 대한 분노와 반발이 극에 달했음을 알 수 있습니다.

* 해답은 예시로 제시된 내용입니다.

역사공화국 한국사법정 54

왜 3·1운동이 일어났을까?

ⓒ 이정범, 2012

초판 1쇄 발행일 2012년 8월 6일
초판 5쇄 발행일 2021년 7월 6일

지은이   이정범
그린이   고영미
펴낸이   정은영

펴낸곳   (주)자음과모음
출판등록   2001년 11월 28일 제2001-000259호
주소   04047 서울시 마포구 양화로6길 49
전화   편집부 (02) 324-2347 경영지원부 (02) 325-6047
팩스   편집부 (02) 324-2348 경영지원부 (02) 2648-1311
이메일   jamoteen@jamobook.com

ISBN 978-89-544-2354-0 (44910)

과학공화국 법정시리즈 (전 50권)

생활 속에서 배우는 기상천외한 수학·과학 교과서!
수학과 과학을 법정에 세워 '원리'를 밝혀낸다!

이 책은 과학공화국에서 일어나는 사건들과 사건을 다루는 법정 공판을 통해 청소년들에게 과학의 재미에 흠뻑 빠져들게 할 수 있는 기회를 제공한다. 우리 생활 속에서 일어날 만한 우스꽝스럽고도 호기심을 자극하는 사건들을 통하여 청소년들이 자연스럽게 과학의 원리를 깨달으면서 동시에 학습에 대한 흥미를 가질 수 있도록 구성하였다.